〜いまそこに迫る「大増税時代」を乗り切る切り札〜

サラリーマンのための「大阪」ワンルームマンション投資術

不動産トータルアドバイザー
平山 裕美
Yumi Hirayama

はじめに

投資＝○○。

あなたはこの○○にどんな言葉を入れるでしょう？　日本では長く「投資＝ギャンブル」「投資＝危険」という考え方が常識とされてきました。そのため投資によって不労所得を得るのはズルいことだと見なされてきました。日本では義務教育を受ける中で、投資について学ぶ機会がありません。そのため、投資については古い常識がはびこっているのです。

けれども今、働き方やお金を巡る事情は近年、急速に変化し、サラリーマンを取り巻く経済事情は年々厳しさを増しています。終身雇用制度や年功序列制度が崩壊しつつある中、正社員であっても「定年を迎えるまで一つの職場で継続的に働き、安定的な収入を得る」という人生設計は危ういものです。

シャープや東芝など、有名な大企業ですら、ほんの数年で経営が傾き早期退職を募る時代です。経済の潮目が一瞬で変わってしまうため、「10年先も安泰」と言える企業はないと言っても過言ではありません。

老後の生活を賄うものとして多くの人が頼りにしている年金制度も、危ういものとなっています。少子高齢化が進む中、「現役世代の支払う年金保険料で高齢者の生活を賄う」

というシステムが維持できなくなることは明白です。支給を支える原資と考えられてきたプール金もあと数年で底をつくと指摘されており、制度の崩壊まで秒読み状態に入っています。

崩壊を避けるためには、支給年齢を引き上げ、支給金額を切り下げていくことが必至です。そんなやせ細っていく年金制度を老後の頼りにすることができるでしょうか？　制度そのものは崩壊を免れたとしても、生活費を賄える支給年齢と金額が維持されなければ、そもそも年金制度そのものの存在意義がなくなってしまいます。

今や会社や国はサラリーマンにとって頼れる存在ではなくなりつつあるのです。5年後、10年後の暮らしを守るためには、自助努力により資産を作ることが欠かせません。給与収入や年金収入がたとえ途絶えたとしても生活を維持できるよう、独自に資産を作ることが、必要不可欠な時代が到来したのです。

そんな事情を受けて、投資を手がけるサラリーマンが急増しています。先読みできる人ほど、将来に対する強い危機感を持つようになり、自らの力で資産を築くことの必要性を認識するようになっているのです。

ところが一世帯が頼りにできるだけの資産を築くことは容易ではありません。サラリーマンの平均年収は近年減少傾向にあり、１９９７年には４６７万円あった平均年収は、

2015年には420万円と1割以上も減っています。多くのサラリーマンにとって、本業の収入は日々の暮らしを賄うだけのものであり、貯蓄して資産を築くことは非常に困難です。

個人事業主であれば、本業の収入が足りないのなら余分に働いて収入を増やすということもできますが、大半の会社の就業規則ではまだまだ「兼職・兼業」が禁じられていたり、認められている場合にも推奨はされていません。

一方、もともとある程度の資産を持っていれば、本業以外の仕事を持たなくても、投資によりその資産を増やすことが可能です。世界中で話題となった書籍『21世紀の資本』で経済学者のトマ・ピケティが解説した通り、資産によりお金を稼ぐ方が、労働により稼ぐのに比べて効率が高いのです。しかしながら祖父母や親から大きな資産を受け継ぐことができるごく一部の人以外、「資産による資産形成」は期待できません。

そんな八方ふさがりのサラリーマンにとって、唯一の救いとなるのがワンルームマンション投資です。さらに限定するなら東京に比べてまだまだ値上がり率が低い大阪の物件を購入し、所有することで、非常に効率が高くリスクの低い投資を行うことが可能となります。サラリーマンが経済的なリスクを負うことなく、短期間で大きな資産を築きたいと願うなら、大阪でワンルームマンション投資を手がけることがベストの選択なのです。

近年は金融機関の融資基準が大幅に緩和されたため、年収500万円以上あれば、手元資金が少額でも、融資を利用してワンルームマンション投資に取り組むことが可能です。

私は10年以上にわたり、大阪を中心に不動産投資のお手伝いをしてきましたが、東京オリンピックを控えたこの数年ほど、サラリーマン投資家にとって強い追い風が吹いている時期は今までありませんでした。本書ではその絶好のタイミングを活かして資産作りができるよう、不動産投資に必要な知識をわかりやすく解説しています。

具体的な事例を示しながら紹介しているので、今まで不動産投資のことをまったく知らなかった方も本書を読めば、資金調達の方法や物件の選び方、管理や運営の方法などをしっかり理解することができます。

本書を出版するにあたり、ワンルームマンション投資を手がけ、資産作りに成功する人が1人でも多く現れることを願ってやみません。

平山 裕美

【目次】

第2章 確実に収益が上がるワンルームマンション投資とは

第3章

こんなにあるワンルームマンション投資の魅力

第4章 押さえておくべきワンルームマンション投資のリスク

第5章 年収600万円あれば ワンルームマンション投資は始められる

第6章

東京ではなく大阪を買う時が来た！

第7章

10年以上大阪物件に携わってきたプロが教える「成功する物件」の選び方

第8章 ワンルームマンション投資で資産を築いた6人の実例

第1章

サラリーマンこそ
ワンルームマンション投資を
すべき7つの理由

年金はあてにならない！　老後はどうする？

◆少子高齢化で揺らぐ厚生年金と国民年金

年金制度の破綻が取り沙汰されていますが、サラリーマンにとっても人ごとではありません。

サラリーマンの年金は通常、「3階建て」になっています。一階部分が国民年金、2階部分が主に厚生年金、3階部分は企業などが私的に運営している企業年金です。

このうち1階部分にあたる国民年金は20～30年程度で破綻すると言われています。若者が支払った年金保険料を原資にして高齢者への支給を賄う「世代間扶養」の仕組みが、急速な少子高齢化により維持できなくなってしまうためです。

「世代間扶養」に加え、これまでプールされてきた保険料も高齢者に支給する年金の原資となっていますが、収支バランスが崩れる中、早々にこのプール分が底をついてしまうと指摘する専門家もいます。

サラリーマンの年金

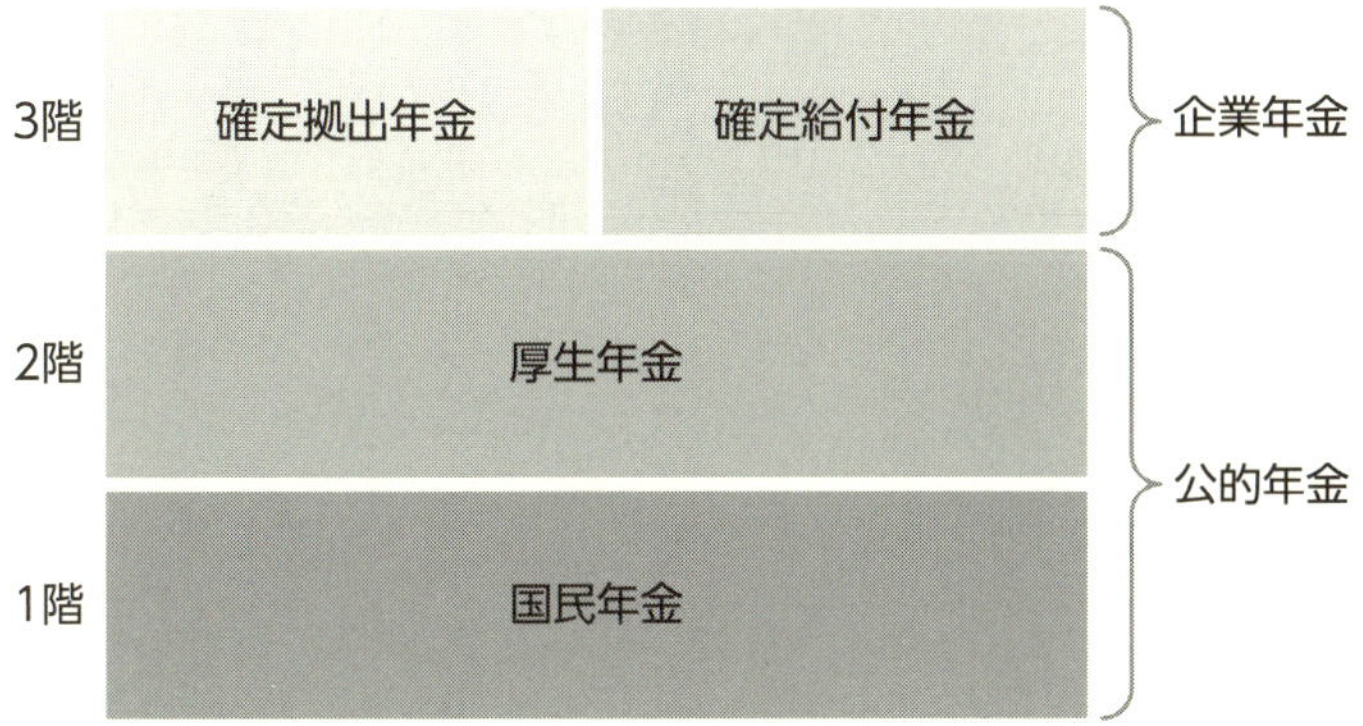

政府は２００４年、年金制度について「１００年安心プラン」を公表しました。ところが前提となる条件は運用利回り４・１％という非常に高い数値となっています。マイナス金利が導入されている現在、金利は限りなくゼロに近いレベルです。４％を超える運用利回りは非現実的な数値と言わざるを得ません。社会保障論を専攻する学習院大学の鈴木亘教授は現実的な数値をもとに試算した結果として、２０３３年に厚生年金、２０３７年には国民年金の積立金が底をつくと予想しています。

積立部分がなくなってしまったら、高齢者が受け取る年金の原資は現役世代が支払う年金保険料だけになってしまいます。２０３０年における高齢化率（全人口に対する65歳以上の高齢者の割合）は31・6％になるものと予想されています。3人に1人が高齢者ということになり、15歳～64歳のいわゆる「現役世代」1・8人で1人の高齢者を扶養しなければなりません。国民年金、厚生年金が破綻する可能性は非常に高いと考えるべきでしょう。

それでも破綻だけはなんとしても避けようとするなら、支給開始年齢を大幅に引き上げ、支給金額を抑えるしかありません。70歳を超える高齢になってからようやくもらえる少額の年金で老後の生活を賄うことは不可能です。もし制度が維持されたとしても事実上は破綻したのと同じです。

◆企業が賄う3階部分もピンチに

3階部分の企業年金についても、安泰とは言えません。企業が負担する企業年金には「確定給付型」と「確定拠出型」があります。「確定給付型」は名前の通り、給付される年金の額があらかじめ定められているものです。年金資金の運用がうまくいかなかった場合には、足りない分を企業が補填することになります。

一方「確定拠出型」は企業の拠出する額（掛け金）があらかじめ決められており、支給額は運用実績によって異なります。企業にとってはこちらの方がリスクが少ないため、「確定給付型」をやめて「確定拠出型」に切り替えるケースが増えているのです。

自営業者などに比べて年金は安定していると考えられてきたサラリーマンですが、1階、2階の破綻に加え、3階の信頼性までが揺らいでおり、老後の暮らしを考えると大いに不安を覚える状況になりつつあります。

大手企業勤務でも倒産、リストラの不安がある時代

◆右肩上がりなき時代に35年安泰で過ごせるか？

つい最近まで「収入のリスクヘッジは事業経営者のためのもの」と考えられてきました。小さな商店や小規模な事業の収支は些細なことで揺らぎ、大きな影響を受けます。一気に盛り上がる時もあれば、閑古鳥が鳴くこともあり、売上が落ち込めば経営者の収入は簡単に0円にまで下がります。悪い状態が少し続けば、事業を継続できなくなり、収入源そのものを失うこともあり得ます。そのため投資によりそのリスクヘッジをすることが、事業経営者には推奨されてきたのです。

一方、サラリーマンでは「収入のリスクヘッジ」が必要と考える人は少数派でした。終

身雇用制度により守られているため、月々の収入が大きく下がったり、収入源が失われてしまったりするリスクの回避策をわざわざ講じることは不要というのが一般常識だったのです。

しかしながら終身雇用制度は企業が右肩上がりで成長していくことにより成り立ちます。業績の拡大に伴ってより多くの従業員が必要となるからこそ、既存の社員を全員雇用し続けた上で新規採用を行うことが可能だったのです。

近年、日本の経済成長率は限りなくゼロに近い状況です。2011年にはマイナス0・45%、2014年にはマイナス0・03%と成長どころか縮小する傾向すら見られます。

はかばかしくない状況を受けて、最近では大手企業でも慢性的な経営不振に陥るケースが増加しています。家電大手のシャープ株式会社が台湾企業の鴻海（ホンハイ）精密工業に吸収合併されたのは記憶に新しいところですが、その他にも日本航空やそごう、エルピーダメモリなど、大手企業の経営破綻が相次いでいます。

少子高齢化による働き手の不足や、中国や韓国などアジア圏のライバルが増えたことなどにより、日本企業の優位性は失われつつあるのです。今後も淘汰の波にさらされることは確実であり、これまで好調だった企業であっても5年後、10年後も安泰と言い切ることはできません。

仮に30歳のサラリーマンであれば、無事に定年を迎えるまでには35年という長い年月にわたって働き続けることになります。その間、会社が安定的に成長を続けなければ、リストラのリスクにさらされることになるのです。

このリスクを個人の努力で避けることはできないでしょう。大きな企業の業績を一社員が改善することはほぼ不可能です。「リストラの対象にならないよう能力を高め、業務成績を高めればいい」という人もいますが、大企業ほど個人の実績が見えにくいため、頑張りや実績が社内で正当に評価されないケースが少なくありません。

どんな企業に勤めるサラリーマンであれ「定年までノーリスクで働き続けられる」とは言い切れないのが、近年の状況です。

◆トランプ政権、イギリスのEU離脱など経済的な大波のリスクに備えておくべき

現在、世界の経済は緊密につながっており、地球の片隅で起きた出来事が日本の経済や企業の業績に大きく影響する時代となっています。

アメリカで2008年に発生したリーマンショックにより、日本中の企業がダメージを受けたのはまだ記憶に新しいところです。日本ともっとも密接な関係にあり、世界最大の経済圏であるアメリカの出来事に影響されるのはある程度理解できますが、その後もギリ

シャ危機やイギリスのＥＵ離脱など、世界のどこかで経済に関係する「事変」があるたびに、国内経済は揺らいできました。

特に大きな影響を受けるのは輸出関連企業です。世界的な心配事が起きると、国際的な基軸通貨となっているドルに対する不安が高まります。政情、経済ともに安定性が高い日本の円に換えてリスクヘッジしようとする機関投資家などが増えるため、円高傾向が進みます。

安倍政権下で経済のてこ入れ策として重視されているのが円安への誘導です。民主党政権下で円高が進み、２０１１年には１ドル75円台という超円高になりました。自民党による政権奪還後、安倍政権は極端な金融緩和などにより円安を実現し、２０１５年には１２５円台という安値を実現しました。その結果、日本経済を支える自動車や電機メーカーなどの収益が一気に好転し、急速な経済回復が実現されたのです。

しかしながらこの好景気が安定的に続くかどうかは不明です。ギリシャ危機やイギリスのＥＵ離脱はほとんど前触れもなく起きました。同様の「事変」がいつ発生するか誰にも予測不可能です。

２０１６年に世界を震撼させた事件としてはアメリカの「トランプ大統領誕生」も要注目です。選挙戦で掲げた保護主義的な政策や世界のパワーバランスを無視した外交方針にシフトするようであれば、地球規模の大きな混乱が発生する可能性があります。

世界のどこかで起きたことの影響を受けて為替が円高に転じれば、現在は好調の輸出関連企業の収支が悪化します。さらには関連会社や下請け企業、さらには彼らの消費で成り立つ商店などの売上が落ち込み、国内経済全体が低迷することとなるのです。

前述の通り、そうなれば多くの企業はリストラに走るでしょう。サラリーマンには今、そういったいつ発生するかわからないリスクに耐えるための資産作りが求められているのです。

リスクに備える資産作りには投資が必須

◆超低金利時代には貯蓄で資産を作れない

サラリーマンが経済的なリスクに備えるためには、資産を作ることが欠かせません。年齢や職業的なスキルにもよりますが、リストラに遭ってしまった人が再就職して、それまでと同じだけの収入を得ることは容易ではありません。住宅ローンを支払い、生活費を賄うためには危機に備えてあらかじめ資産を作ることが最良の策です。

「それなら貯金して……」と考えがちですが、現実的な策とは言えません。住宅ローンを支払い、毎月の生活費を賄った上で、大きな額を貯金に充てるのは困難です。特に最近は子供の教育費などの支出がかさむため、年収1000万円を超えるサラリーマンでも、数百万円程度の貯金しか持っていないというケースが増えています。金利が高かった時代なら、利息が資産作りを後押ししてくれましたが、ほぼゼロ金利に近い現在、給与収入をやりくりして大きな額の貯金を作るのは非常に困難なのです。

それではどうすればよいのでしょう？　終身雇用制度が崩壊し、貯金で資産を作ることもできないのだとしたら、サラリーマンは経済的な不安に怯え続けるしかないのでしょうか？

その答えとなるのが投資です。資産を効率的に増やせる投資を個人のポートフォリオに組み込むことで、経済的な危機への備えとして十分な額の資産を作ることができるのです。

◆貯蓄にはインフレリスクがある

「お金は働いて増やすもの」というのが常識とされた日本では、資産形成のために投資を手がけることはあまりよいことだとは見なされてきませんでした。しっかり働いて収入を得て、倹約してお金を貯めることが堅実な資産作りの王道とされたのです。

しかしながら貯蓄は100％堅実で安全な策ではありません。それどころかインフレが進む社会ではリスクの大きな資産運用法と言えます。預金が増える速度が物価上昇の速度に追いつかないため、額面は減らないものの、実質的な価値はどんどん下がっていくことになるからです。

安倍政権では年率2％のインフレ目標を掲げています。実現されると毎年ものの価格は2％ずつ上がるため、たとえば300万円の自動車は10年後には365万6983円となります。

一方、2017年秋の時点で、定期預金の金利は高いものでも0・1％程度にとどまっています。300万円を10年銀行に預けた場合、元利合わせて303万135円となります。今現在は手持ちの資金で買える自動車を購入するのに、10年後は余計に62万6848円も支払う必要があるのです。これが貯蓄に伴うインフレリスクです。預金の金利がインフレ目標にまったく届かない現在、このリスクは非常に大きいと考えるべきです。

◆先進諸国の中でも低すぎる家計における投資の割合

日本には投資とギャンブルを同一視する誤った考え方がまだあちこちで見られます。世界的に見ると、かなり遅れた考え方とされており、国内経済が停滞している大きな原因の

家計の金融資産構成

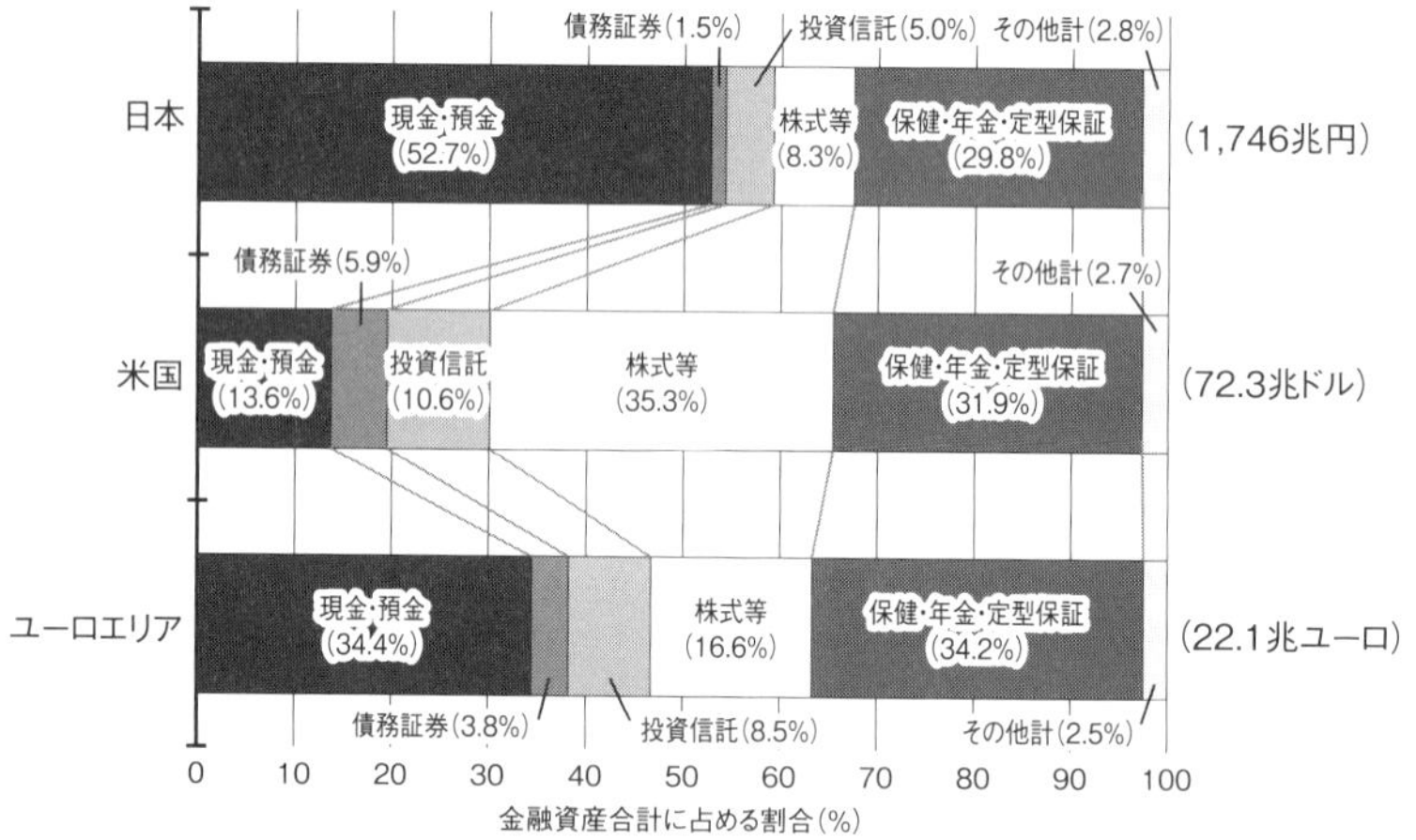

*「その他計」は、金融資産合計から、「現金・預金」、「債務証券」、「投資信託」、「株式等」、「保険・年金・定型保証」を控除した残差。

一つとなっています。

日本銀行が発表している資料によると、家計における「現金・預金」の割合は日本が高く、52・7％にのぼっています。アメリカは日本の約1／4にあたる13・6％、ユーロエリアも34・4％と日本に比べるとかなり低めです（日米は2016年6月時点、ユーロエリアは2016年3月時点）。

一方、株式や投資信託、債権証券の割合は日本が14・8％なのに対し、アメリカは51・8％、ユーロエリアでも28・9％にのぼっています。家計に占める割合でアメリカは日本の3倍以上、ユーロエリアでも約2倍の資産を投資に回しているのです。「保険・年金」の割合はいずれも3割程度とあまり差がないので、ポートフォリオにおける「現金・預金」と「投資」に対する考え方の違いが明白に表れた結果と言えます。

日本政府も経済活性化のため、NISA（少額投資非課税制度）を導入するなど個人の投資を活性化する方向に政策の舵を切りつつあります。

投資先はリスクとリターンの異なるものを複数併用

◆ポートフォリオはリスクとリターンのレベルで分散する

「卵を1つのかごに入れるな」ということわざがあります。12個の卵を6つずつ2つのかごに入れておけば、万が一かごを1つ落としてしまっても卵は6つ残ります。3つずつ別々のかごに入れておけば、1つのかごを落としてもまだ9個の卵が無事です。

投資を考える上で一番大切なのはリスクヘッジ――すなわち卵を全部割ってしまわないことです。資金を一つの投資に集中させるのではなく、貯蓄を含めさまざまな形で財産を保有することにより、リスクを分散させることが重要となります。

リスクとリターンは密接に連携しており、大きなリターンが期待できる投資ほど、リスクも大きなものになります。たとえば株式投資やＦＸでは数日のうちに資金が数倍に増えることがあります。裏を返せば数日のうちに資金が数分の一に激減することもあり得るということで、ハイリスク・ハイリターンの代表格と言えます。

貯蓄にはリターンがほとんどありませんが、リスクの面では「元本割れしない」という大きな特徴があります。そのためローリスク・ローリターンの典型とされています。

資金の分散を考える時には、このようにリターンとリスクの異なるものを組み合わせることが大切です。攻めの投資と守りの投資をバランスよく取り入れることで、効率的かつ安全に資産を形成することができるのです。

◆投資の組み合わせでリスクヘッジを実現する

投資先の分散を考える時にはもう一つ、社会情勢の変化に対するリスクヘッジも考慮する必要があります。為替の変動、金利の上下、インフレ・デフレなど投資にリターンやリスクをもたらす要因はいくつかあります。

それらがどちらに振れた場合にも利益が取れるよう、投資先を分散しておくのです。たとえばインフレになれば通貨の価値が下がるので、前述した通り貯蓄には「実質的な資産価値が目減りする」というリスクが発生します。

このリスクを回避する方法として、不動産投資は非常に有効です。後の章で詳しく解説しますが、不動産投資では投資用の賃貸物件を購入し、入居者に賃貸することで家賃収入を得ます。また売却時には売却益が得られることもあります。

インフレになれば、「物価」の一つである家賃も連動して値上がりします。物価が上昇した分、家賃収入が増えるので、不動産投資はインフレリスクに強い商品とも言えます。さらには物件の価格も値上がりするため、売却益（キャピタルゲイン）を得られる可能性も見えてきます。

一方、デフレになった場合は貯金の資産価値が相対的に上昇します。貯金と不動産投資を組み合わせれば、インフレでもデフレでも資産を増やせるようになるのです。

手間がかからない不動産投資は忙しいサラリーマンに最適

◆不動産投資は変化を追う必要がない

毎日が多忙なサラリーマンにとって、損益を常に気にかけなければならない投資は骨が折れるものです。

たとえばＦＸの場合には日本の深夜にもロンドンやニューヨークなど世界の主要市場で取引が行われるため、真剣に取り組むなら目を離すことができません。睡眠時間を削ることになり、本業にも支障をきたします。

株式相場が開いているのは平日の日中です。大きな金額をつぎ込んでいれば、忙しく仕事をしている合間も、値動きは気になるところでしょう。特に重要な経済指標と言われる数字が発表される日や、海外の相場が大きく動いた日などは株価が劇的に変化することもあるので、勤務中であっても株価の動きをチェックしたくなります。最近ではスマートフォンなどで簡単にタイムリーな株価を確認できるため、中にはトイレの個室で株式情報サイトを閲覧する人もいるなど、エスカレートすれば本業に障害が出ることになりかねません。

不動産投資の場合には、前述の通り、日々発生する変化は微々たるものなので、睡眠時間を削ったり仕事の合間を縫ったりして気にする必要はありません。収益を守るために神経をすり減らさなくてよいため、精神的にも余裕を持って取り組むことができます。

◆不動産投資の手間は入金の確認だけ？

不動産投資はワンルームマンションのオーナーになり、入居者と賃貸借契約を交わすことになるため、オーナーとして一定の業務を担う必要がある、と誤解されがちです。確かにオーナーには入居者に対して安全かつ快適な生活を保障する義務があり、入居者が安心して暮らせるよう、適切に物件を管理する必要があります。

ただし入居者対応や物件の管理は専門性が高い業務であり、本業がある中で対応するのは大変です。ＦＸや株式投資と同等、もしくはそれ以上の労力を要します。そこで通常は賃貸物件の管理を専門とする会社に業務を委託します。詳しくは後の章で解説しますが、賃貸物件経営に必要とされるほとんどの業務を専門の会社に任せ、オーナーは定期的に報告を聞くだけ、というのがサラリーマン投資家の投資スタイルとなっています。

中には管理会社から送られてくる報告書にもあまり目を通さず、口座への入金を確認するだけというオーナーもいますが、それはやや極端な例でしょう。私が勤務する会社では入居者が退去する際には、次の入居者を募集する前に行うリフォームをどの程度のものにするかなどについて、提案しながらオーナーの判断を仰ぐようにしています。

世帯数の増、海外からの投資なども重なり、不動産投資は成長産業

◆少子高齢化や非婚化でまだまだ増える世帯数

不動産投資に対する懐疑的な見方の1つに「人口が減り需要が減少しているのでは？」という疑念があります。確かに国内の人口は2008年の1億2808万人をピークとして減少に転じ、2015年には1億2710万人となっています。減少傾向は長く続くものと予想されており、内閣府が発表する資料によると、東京オリンピック・パラリンピックが開催される2020年には1億2410万人、2030年には1億1661万人になるとされています。

しかしながら住まいの需要は人口あたりではなく、世帯あたりで考える必要があります。住居は1人に1戸ではなく1世帯に1戸必要となるためです。

世帯数の推移に目を移すと、人口の減少とは異なる様子がうかがえます。世帯数は長く右肩上がりで増加し続けており、1970年には2915万世帯だったのが、2015年

には5536万世帯となっています。人口が減少に転じた2008年以降も増加しており、減少に転じる様子は見えてきません。

その背景にあるのは1世帯あたりの平均人数の減少です。日本における家族の形態は社会の変化を受けて、1世帯あたりの人数を減らす方向に長く進んできました。かつては三世代同居が当たり前だったのが、親子のみの核家族が一般化し、近年ではさらに1人で暮らす単身世帯が増加しています。特に大都市圏では若年層だけでなく中高年層でも一人暮らしの世帯が増えており、「単身化」に歯止めがかかる様子は見受けられません。

単身世帯を増加させている要因はさまざまですが、中でも注目されているのが、結婚や出産といったイベントに対する意識が薄れていることです。

2015年に実施された国勢調査では、生涯結婚しない人が、男性4・5人に1人、女性7・5人に1人という高い割合にのぼると報告されました。政府は今後もこの傾向は強まるものと予測しており、「平成27年版厚生労働白書」では2035年には男性の3人に1人、女性の5人に1人が生涯結婚しないものと予測しています。

結婚する人が減れば、それだけ単身世帯が増えることになります。加えて高止まりしている離婚率による影響もあり、ゆっくりと人口が減少する中、世帯数は今後も確実に増えていくものと考えられます。

特に単身世帯の増加は著しく、ワンルームマンションに対する需要は長期にわたり右肩上がりで上昇していくというのが大方の見方です。

◆世界情勢を受け海外からの投資が加速する

ワンルームマンションへの投資需要を押し上げるもう一つの要因に海外からの投資があります。

安倍政権ではクールジャパン戦略を前面に押し立て、積極的な観光客誘致を進めてきました。その成果は大きく、2015年に日本を訪れた外国人観光客は1974万人にのぼりました。2013年には1036万人でしたから、わずか2年でほぼ倍増したことになります。

訪れる人が増えれば、それだけ日本への投資に関心を持つ人も増加します。特に中国をはじめとするアジア圏からの関心は大きく高まっており、ワンルームマンションをはじめとする投資用不動産の購入に大きな資金が流入するようになりました。

中国を筆頭にフィリピン、ベトナム、タイ、インドネシアなどアジア圏の新興国では富裕層が急増しており、豊富な資金の投資先を探している状況です。経済産業省が発表している資料によると、2000~2015年の間に中国では富裕層の割合が20倍以上に、

ＡＳＥＡＮ６か国でも４倍以上に増加したとされています。

こういった国々の富裕層が共通して抱えるのが、ふくらんだ資産をどこに投資するかという問題です。国内景気は盛り上がっていますが、いつまで続くかは不明です。さらに政治的な不安定感もあり、海外に分散して投資したいというモチベーションが高いのです。

投資先として見た場合、日本には大きな魅力があります。政治的な安定性が高く、クーデターなど大きな政変が起きるリスクはほとんどないでしょう。経済的にも安定しており、極端な物価変動により投資物件の価値が暴落したり、通貨である円の価値が急落したりする可能性が低いので、安心して投資できる国なのです。

特に不動産は価値の変動幅が小さいので、資産のリスクヘッジを目的とする投資には最適です。そのため日本人が投資する価値を見いだせない物件でも、彼らの基準では投資対象になるケースが少なくありません。

近年進む円安もそんな外国人の需要を盛り上げる大きな要因となっています。２０１１年には１ドル75円台という超円高を記録しましたが、アベノミクスによる為替誘導の結果、２０１７年の時点では１０５～１２０円くらいの幅で推移しています。海外から見れば、２０１１年との比較で、物件の価格が２／３程度になったととらえることもできるため、日本に投資するモチベーションが大いに高まっているのです。

日本人の目線では利回りが低い物件も、資産のリスクヘッジ用と考えれば、十分購入する価値が生まれます。さらに円安により2／3のコスト負担で購入可能と考えるなら、利回りは1・5倍にふくらみます。利回り5・5％の物件なら8・25％になるため、投資する意味が十分に認められる物件になるのです。

また、需要が高い物件を比較すると、日本はまだ割安感があるとも言われます。投資利回りから長期金利を差し引いた利回りの差に注目すると、グレードの高いオフィスビルの場合、ロンドンは2％、ニューヨークは1％程度です。一方、このところ高騰しているイメージが強い東京は、まだ3％近い利回りを確保できるのです。

そういった事情を受けて、国内の投資用不動産にはかつてない幅広い需要が生まれています。

安定収入が見込めるサラリーマンは融資が受けやすい

◆融資の条件となる返済の確実性

サラリーマンが不動産投資を手がける場合、金融機関からの融資を利用するのが一般的です。住宅ローンなどと同じく、資金を借り受けて物件を購入するのですが、その際には融資審査があります。

金融機関は誰にでもお金を貸してくれるわけではありません。融資の申込を受けると、担当者が稟議書を作成し、支店の中で返済の確実性についてチェックが行われます。場合によっては本店に稟議書が回され、さらに確認作業が行われることもあります。融資した資金を確かに返せる人なのかどうか、金融機関はしっかりと審査を行い、返済できる可能性が高いと判断しなければ、融資を行いません。

以前はこの基準が非常に厳しかったため、不動産投資と言えば、高額所得者が手がけるものと考えられていました。大きな額の自己資本や担保となる土地などを持っている人でなければ、金融機関は融資をしてくれなかったのです。

したがってサラリーマンが不動産投資で資産を作ることは不可能でした。給与所得者に適した投資でありながら、融資を受けることがとても難しいため、手がけることができなかったのです。

◆金融緩和でサラリーマンも融資を受けられる時代に

アベノミクスにおける経済政策の柱として、大胆な金融緩和が続けられてきました。マイナス金利などの金融緩和の目的は市場により多くの資金が供給される環境を作ることです。その結果、金融機関は硬直的な「担保至上主義」を見直し、返済が確実と見なすことができれば、サラリーマンに対しても不動産投資を始めるための資金を融資するようになりました。

もともと景気の波や事業の好不調により収入が大きく増減する事業家に比べ、給与所得者には安定的な収入が見込めます。一昔前に比べると、終身雇用や年功序列制度が揺らいでいるとはいえ、依然として高い確率で一定以上の収入を獲得し続けられる働き方であることは確かです。

その点を高く評価して、最近では金融機関も不動産投資を始めるサラリーマンに対して、積極的に融資を行うようになっています。収入が同程度の場合には、個人事業主などと比べても融資の審査が通りやすいケースもあり、多くの人が不動産投資を始めているのです。

第 2 章

確実に収益が上がる
ワンルームマンション投資とは

ワンルームマンションとはどのようなものか

◆部屋に暮らす設備が詰まったワンルームマンション

ワンルームマンションはその名の通り、1部屋の中に暮らしに必要な空間や設備が効率よく配置された単身者向け住宅です。入居者のほとんどは単身者で、社会人や大学生、単身赴任のサラリーマンなどが主な入居者となります。

もともとは若年層の利用が多めでしたが、最近ではコンパクトで動線が短い分、室内での移動が楽であることや、家賃が手頃であることなどから中高年の利用も増えており、入居者層が広がっています。

都市型分譲ワンルームマンションは大半が鉄筋コンクリート造です。マンションはエントランスホールや外廊下、エレベーター、非常階段など、所有者全員で共有する「共用部」と、所有者である投資家が所有する「専有部」で成り立っています。

◆構造は地震に強い鉄筋コンクリート造

鉄筋コンクリート造の建物は鉄筋を配した上にコンクリートを流し込んで固めることにより、柱や梁、床、壁などを作ります。

引っ張る力には強いものの、火事に弱く錆びるというデメリットを持つ鉄筋と、押し潰す力に強く、鉄筋を火災の熱や錆から守るはたらきがあるコンクリートを組み合わせることで、他の構造にはない頑丈さが生まれます。また地震にも強いので高層ビルなどはほとんどが鉄筋コンクリート造となっています。

ワンルームマンションの場合にはワンフロアあたりの部屋数が多く、間仕切りが多いため、同じような構造のビルやファミリーマンションに比べ、さらに地震に強いという特徴があります。

新築ワンルームマンションと中古ワンルームマンションの違い

◆管理が楽で節税効果が高い新築ワンルームマンション

新築ワンルームマンションの特徴はなんと言っても新しいことです。自動車でも新車には特別な価値があるように、住まいにおいても新築を好む人は多く、エリアの相場よりも高い家賃設定でも入居者がつきやすいという特徴があります。この特性は「新築プレミアム」と呼ばれ、中古物件にはない利点です。

また設備や建物に不具合の心配がないのも新築ワンルームマンションのよいところです。物件の運営に関わる管理の手間が少ないので、不動産投資初級者から上級者まで幅広い方に適しています。

万が一不具合が見つかった場合には、瑕疵担保責任・アフターサービス基準に基づいて販売業者から補償を受けることができるため、購入後に修繕費などのコスト負担が発生するリスクを一定期間避けることができます。

さらに新築のワンルームマンションには大きな節税効果が発生するというメリットもあります。特に高額所得者の場合には、毎年大きな額の税金を納めています。個人事業主などと違い、確定申告をする機会が少ないため、給与所得者は所得税や住民税について意識している方があまり多くありません。しかしながらたとえば課税所得が1000万円の方なら所得税率は33％となっており、さらに住民税10％の課税が加わります。所得の約3割を税金として徴収されてしまうのです。

新築ワンルームマンションの場合には、中古と比べて多くの減価償却費などを経費として計上することが可能です。不動産投資の所得は月々の収支が黒字でも、購入費用を複数年に分けて経費とする「減価償却」などの経費により帳簿上は赤字になることがあります。不動産所得の赤字は本業の所得と損益通算することができるため、サラリーマンとして納めている高額の税金を大きく圧縮できるケースが多いのです。

◆少額の投資で大きな利益をあげられる中古ワンルームマンション投資

中古ワンルームマンション投資における最大の魅力は利回りの高さです。新築ワンルームマンションと違い、中古ワンルームマンションの場合には、築年数や状態などにより価格に大きな違いがあります。

中には非常にお手頃な価格で購入できるものもあり、少額の資金でも手がけられるのが中古ワンルームマンション投資のもっとも大きな利点です。

物件価格の基準となるのはその物件の利回りなので、一般的には安定的に高い家賃収入が得られる物件ほど価格も高くなります。ただし、中にはツボを押さえたリフォームで、家賃収入を大きく改善できる物件や、家賃の金額、敷金や礼金の設定などを調整するだけで顧客にとっての魅力を大幅にアップできる物件などもあります。中古ワンルームマンションは個別性が非常に高いので、適切な工夫次第で、大きな利益を上げられることが珍しくないのです。

購入時に入居者がついているケースが多いのも、中古ワンルームマンションならではのメリットです。すでに入居者がいる物件なら、入居促進のために賃貸会社にアプローチして、入居付けをお願いする必要がありません。リフォームなどの出費もなく、購入した直後から家賃収入を得ることができます。

ワンルームマンション投資では売却益ではなく家賃収入を狙う

◆不動産投資の収益源は二つある

株式投資には売却益と配当という二つの収益源があります。配当は株式を保有する株主に対して、会社が上げた利益の一部を還元するものです。一方売却益は購入価格より高い値段で株式を売却できた場合に得られる差額利益です。

不動産投資にも同じく収益源が二つあります。一つは家賃収入、もう一つは売却益です。家賃収入は文字通り、入居者が支払う家賃が投資家の収入になるものです。たとえば月々7・5万円の家賃設定なら、12か月で年間90万円の収入を得ることができます。空室にならない限り確実に入る収入であり、不動産投資では「インカムゲイン（運用益）」と呼ばれます。「インカムゲイン」は投資の世界で広く使われる用語で、資産を運用することにより安定的に得られる収入のことを指します。預金における利息や投資信託の配当なども「インカムゲイン」の一種です。

売却益は株式と同じく、買値より高い価額で売却できた時に発生する利益で、「キャピタルゲイン」と呼ばれます。「キャピタルゲイン」は保有している資産の価額が変動することにより得られる収益を指します。不動産や株式の他、ＦＸ、金、絵画などがキャピタルゲインを狙う投資対象とされています。

市場の動向次第ですが、中古ワンルームマンション投資の場合には、短期間で大きな「キャピタルゲイン」が得られることもあります。

◆安定的な収益となる家賃収入が収益の柱

新築ワンルームマンションでも中古ワンルームマンションでも、二つの収益源のうち、収益の柱となるのは家賃収入です。

「キャピタルゲイン」である売却益は「相場」という予測が難しくコントロールできない要因によって決まります。株式の売買で利益を出すのが難しいのと同じく、投資用不動産の売買で確実に利益を出すことは、専門家でも簡単なことではありません。

一方、「インカムゲイン」である家賃収入は物件を保有している限り、安定的に入ってきます。もちろん空室のリスクはありますが、購入する物件をしっかり選択し、適切な管理やリフォーム、家賃設定などを心がけることで回避することが可能です。

二つの収益の安定性は用語の面からもその違いを理解することができます。買値より高く売却できた場合には「キャピタルゲイン」が生まれるのに対し、買値より低い価額で売却した場合には売却損＝「キャピタルロス」が発生します。ところが家賃収入などの「インカムゲイン」がマイナスになることはないため、「インカムロス」という言葉は存在しないのです。

売買差益はそれだけ不透明なものであり、「狙ってとれるものではない」あるいは「狙うべきものではない」と考えておくと、不動産投資の成功率は大きく高まります。

たとえば購入時の相場がたまたま低ければ、ごく短い間に売却益をとれるだけの価格に値上がりすることもありますが、売却してしまえば、保有することにより得られたはずの家賃収入はなくなってしまいます。

一方、高めの相場で購入した場合には、売却により差益を出すのは簡単なことではありません。けれども売却損を出さないよう長期保有する中でタイミングを見計らえば、その間に家賃収入を稼ぐことができます。

不動産の市況がどのように変動しても、家賃収入を収益の中心と考えていれば、安定的に利益を得ることが可能なのです。

表面利回りと実質利回りの違いを理解しておく

◆表面利回りは購入価額に対する家賃収入の割合

投資の効率を図る物差しの一つに「利回り」があります。投資した金額に対する「インカムゲイン」の割合を指す数字で、大きいほど効率のよい投資ということになります。たとえば100万円を貯金して年間1000円の利息が付けば、利回りは0・1%です。

ワンルームマンション投資の場合には、物件の購入価格が「投資した金額」、年間の家賃収入が「インカムゲイン」にあたります。たとえば1800万円で購入したワンルームマンションの家賃を7・5万円に設定した場合、年間家賃収入は90万円なので、利回りは5・0%ということになります。

不動産投資ではこの数字を「表面利回り」と呼び、物件の価値を計る大きな基準の一つと考えられています。

表面利回りは物件価格と家賃収入をもとに算出されるので、どちらかが変われば利回

$$\text{表面利回り} = \frac{\text{年間家賃収入額}}{\text{物件価格}} \times 100$$

Aマンション

$$5.0\% = \frac{7.5\text{万円} \times 12\text{か月}}{1800\text{万円}} \times 100$$

家賃7万円

$$4.66\% = \frac{7\text{万円} \times 12\text{か月}}{1800\text{万円}} \times 100$$

家賃7万円
物件価格：1400万円

$$6.0\% = \frac{7\text{万円} \times 12\text{か月}}{1400\text{万円}} \times 100$$

$$実質利回り = \frac{家賃収入額 - 経費}{物件価格 + 購入時諸費} \times 100$$

りは大きく変化します。たとえば前述の物件で家賃が7・0万円になれば、表面利回りは4・66％に低下します。また家賃が7・0万円でも、1400万円で購入できる物件なら、表面利回りは6・0％に達します。

表面利回りを見れば、このように複数の物件の中から投資効率の高いものを一目で選び出すことができるのです。

◆実際の感覚に近い「実質利回り」

預貯金の場合には利息というインカムゲインを得るためにコストがほとんどかからないため、理論上の利回りと実際の利回りはほぼ同一です。

不動産投資の場合には「インカムゲイン」を得るために物件を安定的に経営する必要があります。入居者が安心して快適に暮らし、物件の価値が減少しないよう適切に管理することが不可欠であり、そのためにはさまざまな費用（経費）がかかります。また物件の購入にあたっては購入代金だけでなく、登録費用や税金などの諸費用が必要です。

こういったコストを算入して計算されるのが「実質利回り」で、上記のような計算式にあてはめて算出します。

Aマンションの概要
物件価格：1800万円
購入時諸費用：70万円
家賃：7.5万円
経費（管理費・修繕積立金）：0.8万円

表面利回り

$$5.0\% = \frac{7.5\text{万円} \times 12\text{か月}}{1800\text{万円}} \times 100$$

実質利回り

$$4.3\% = \frac{(7.5-0.8)\text{万円} \times 12\text{か月}}{1800\text{万円} + 70\text{万円}} \times 100$$

表面利回りに比べ、より現実的な数字となるため、キャッシュフロー（現金収支）などを考える上で大きな参考となります。

上図は前述した家賃7・5万円、物件価格1800万円のAマンションについて、表面利回りと実質利回りを計算してみた例です。物件価格と家賃収入をもとに算出される表面利益は5・0%になります。

一方、運営に必要な経費である管理費や修繕積立金を家賃収入から差し引き、購入に際して要する諸費用を物件価格に加えた実質利回りは4・3%です。

1800万円の投資に対して、表

面上は5・0％の利益が得られるように見えますが、実際に得られる利益は年間4・3％となります。資金計画を立てる場合には、この実質利回りをもとに考えると、より現実に即したものとなります。

家賃や物件価格は需給で決まる！

◆ワンルームマンション投資でもっとも大切なのは需給の見極め

安定的に収益を上げられるかどうかのキーポイントは、投資によりさまざまですが、ワンルームマンション投資の場合には、需給の見極めがもっとも大切なカギとなります。

ワンルームマンション経営では家賃や物件価格の維持が、高い投資効率を保つ上で非常に重要です。ところが家賃や物件価格には定価というものがありません。「その物件に住みたい」という需要が高ければ、家賃や物件価格も高く維持されますが、需要が低下すれば、値下げにより空室を防いだり、売却する際には低い価格設定にすることで買手を募ったりすることが必要となります。

目には見えない需給のバランスにより、投資効率は上下するので、安定的に高い需要が維持され、供給過多に陥らない物件を選ぶことさえできれば、ワンルームマンション投資は半ば成功したと言えます。

ワンルームマンションに対する需要を生み出すのは、顧客層のニーズです。住まいとしてワンルームマンションを選択する顧客層が「住みたい」と考えるエリアで、顧客層のニーズに合う設備や構造、間取りを導入した物件を提供できれば、継続的に高い需要が期待できます。

ただし需要がある程度高くても、供給がそれを上回るようでは、やはり値崩れが起きます。ワンルームマンションに限らず、どのような商品やサービスにも共通するのですが、需要が高く供給が少ないことが価値を高く維持するカギとなります。ワンルームマンション投資においても、良好な需給関係があれば、長期的な安定収入と物件価格の維持を見込むことができます。

◆需給バランスが維持される大都市圏

需給バランスという面で優れているのが大都市圏です。人口が多いだけでなく、若年層の比率や単身者の比率が高いため、ワンルームマンションに対してもともと非常に高い需要があります。また地方から継続的に人口が流入するため、国内の人口が減少に転じる中でも、東京23区や大阪市の人口はむしろ増加傾向が維持されています。

供給という面を見ると、大都市圏には余っている土地が少ないため、新たにワンルームマンションを建てる用地が簡単には見つかりません。需要に応えるだけの物件供給が困難なので、供給過多に陥るリスクは郊外や地方都市に比べ、限定されています。地方では需要もない中、相続税対策として空き地に建てられた賃貸住宅が空室だらけになっているというケースがしばしば報告されています。大都市圏の都心部には、そもそも空き地がほとんどないので、このような事態が起きる確率は非常に低いと言えます。

大都市圏にはさらに、ワンルームマンションの建設に対して規制を設ける自治体が増えているという特徴もあります。「ファミリー層などを増やして、バランスのとれた世帯構成を目指したい」という自治体の思惑によるものですが、ワンルームマンション投資を手がける人にとっては「供給が減る」という大きな利点が生まれます。東京ではすでに規制が始まっており、いずれは大阪でも導入される可能性が高いと考えられています。

第3章

こんなにある
ワンルームマンション投資の
魅力

不動産投資はミドルリスク・ミドルリターン

◆不動産投資のリスクはコントロールできる

貯蓄と違い、投資にはリスクがつきものです。「リスクがあるなら避ける」というのも一つの考え方ですが、それではなにも得ることができません。「資産形成ができない」という別のリスクが発生することになります。リスクを避けるのではなく、リスクについて熟知し、コントロールするのが優れた投資家のスタンスです。

不動産投資には「投資家自身がリスクをコントロールできる」という大きな特徴があります。これは株式投資やＦＸにはない不動産投資ならではの利点と言えます。

株式の価格が上下するのを投資家はコントロールすることができません。社会的な情勢や企業を取り巻く環境の変化、業績や事業におけるトラブルなどによっても株価は大きく変動します。それらの要因を投資家が変えることは困難です。株主総会に出て質問したり投票したりすることはできますが、そういった行動が企業の業績に及ぼす影響はほとんどないに等しいものなので、もっぱら株価の先行きを予想することだけが投資の成否を決めます。

FXについても同じです。投資家は為替の動きに介入することができません。数時間後、あるいは数日後の為替を予想して取引し、予想が当たれば利益を得られるというのがFX投資です。

ところが不動産投資では、収益に関わる要素を投資家自身で変えることができます。自身の判断でリフォームを行って物件の魅力を高めたり、家賃の上げ下げや管理の工夫をしたりすることで、収益性を変化させることが可能です。空室や家賃下落といったリスクに投資家自身がしっかり対処できるのです。

◆不動産投資の収益は急変しない

株式やFXなどの投資では、一夜にして保有する資産の価値が激減してしまうことがあります。バブル崩壊やリーマンショックの際には、株式の価格がストップ安の連続となり、買手がつかないため売りたくても売れないという事態が発生しました。

リスクを事故にたとえるなら、航空機事故に似ています。不具合が発生したことがわかってから最悪の事態に陥るまで一瞬です。さらに言えばエンジンが火を噴いていても降りることはできず、行くところまで行ってしまうしかありません。

一方、不動産投資の場合には、収益の変化は非常にゆっくり進行します。物件を保有しているエリアの平均的な家賃が1日で1割変わることすらあり得ません。そこまで変動するためには最低でも年単位の時間がかかるので、万が一、エリアの不動産需要に変化があった場合も、じっくり考える時間があるのです。

ワンルームマンションは年金の代わりになる

◆老後の資金は自力で用意しなければいけない

ゆとりある老後を送るためには、月々どのくらいの収入が必要でしょうか？　公益財団法人「生命保険文化センター」が2016年に発表している「生活保障に関する調査によると、夫婦2人が日常生活を送るのに最低限必要と考えられている金額の平均は22万円でした。さらに旅行やレジャーを楽しむなど、ゆとりある老後生活を送るために必要な金額は平均12・8万円となっており、合計すると「暮らしを楽しみながら老後を過ごすために要する平均的な月収は34・8万円」という結果が出ています。

一方、年金の平均支給額は22・1万円となっており、その差は12・7万円もあります。高齢になり、働くことが難しくなった後に、それだけの生活資金を稼ぐのは容易なことではありません。ゆとりある老後を送るためには、現役の時代に自力で資金を用意する必要があるのです。

◆現役時代にローンを支払い終えれば、老後は家賃収入をすべて受け取れる

たとえば30代でワンルームマンション投資を始め、30年ローンを組んで購入資金を返済していけば、定年を迎える頃にはローンの支払いが完了します。

返済完了後は管理費などの諸経費を除く家賃収入をすべて受け取ることができるため、老後の生活を賄う大きな助けとなります。

年金を補う収入としては、ワンルームマンション投資以外にも、私的な年金保険に加入しておくことなどが考えられます。しかしながら、私的な保険に比べ、ワンルームマンション投資には大きなメリットがいくつもあります。

【私的年金保険に勝るワンルームマンション投資のメリット】

①家賃収入でローンを返済できるためトータルで見ると「手出し」が不要。
②給付期間に制限がない。
③まとまった資金が必要な時は物件を売却することで対応できる。
④ローンの支払い中に投資家本人に万が一のことがあった時には、団体信用生命保険により、その後のローン返済が不要になる。
⑤投資家本人に万が一のことがあった場合も、遺族は家賃収入を受け取り続けることができる。

◆老後の心配がなくなれば、現役時代を楽しむことができる

世界的に見ても日本人の貯蓄額は非常に大きく、全般的にお金を使わないことで知られています。総務省が発表したデータによると、2人以上の世帯（2015年）では世帯主が60～69歳の世帯で2402万円、70歳以上の世帯では2389万円の預貯金を保有しているとのことです。

高齢の世帯が大きな額の貯蓄を保有している原因は、主に老後の生活不安にあります。年金で生活費を賄うことができない高齢者は、預貯金を切り崩して暮らしていかねばなり

ません。何年分必要かわからないため、できるだけたくさん貯金し、できるだけ節約して使うという生活防衛を心がける人が非常に多いのです。

老後を意識する世代になったら、自力でなんとか老後をしのげるよう資金を貯めるため、お金のかかる楽しみを削ることが多くの日本人に共通するライフスタイルとなっています。

ワンルームマンション投資によって、老後も一定の収入が確保できれば、そんな苦労をする必要はなくなります。保有している物件が空室にならない限り、家賃収入があるので、老後の資金を確保するために、生活のゆとりを削ってまで貯金する必要がなくなります。老後の心配がなくなれば、貯蓄のために無理をすることなくもっと積極的に人生を楽しむことができるようになるのです。

投資マンションローンは負債ではない

◆単なる負債と価値を生む借入は同じではない

ワンルームマンション投資について関心を持つ人は多いのですが、実際に物件を購入する人はまだまだ少数派です。投資に踏み切れないもっとも大きな理由は「借金をするのは怖い」というものでしょう。確かにイメージだけで判断すると、「多額のお金を借りて、投資用物件を経営する」というのはずいぶんリスクの大きなトライに思えます。

事業経験がない方は「大きな負債を抱える」ということについて、とにかく不安でならないと感じる人が少なくないのです。

同じくローンを組んで購入することが多いものに自宅があります。こちらも同じく不動産ですが、収益を生み出してはくれません。そのため自宅の購入は投資ではなく、住宅ローンは単なる負債となります。自動車を買うためのローンや洋服を買うために利用したカードローンなども同じく単なる負債であり、あまりに増えると返済しきれず困窮につながります。

しかしながらワンルームマンション投資を目的とする借入は単なる負債ではありません。購入した物件は「資産」となり収益を生み出してくれるものだからです。家賃収入でローンを返済できるので、収支計画さえしっかり組めるなら、大きな額のローンを組んだとしても問題はありません。

年収の20～30倍という大きな額を借り入れて、ワンルームマンションを1棟単位で購入することも可能であり、最近では実際に1棟買いを手がけるサラリーマンも珍しい存在ではなくなっています。

投資マンションローンは負債ではなくむしろ資産だと考えることができれば、ワンルームマンション投資のリスクがいかに小さいかを感覚ではなく理論的にしっかりと理解しやすくなります。

ワンルームマンション投資はより有利な生命保険になる

◆融資を受ける際に加入する団体信用生命保険

ワンルームマンション投資を手がける際には通常、融資を受ける条件として団体信用生命保険への加入が義務づけられます。団体信用生命保険は通称「団信」とも呼ばれるもので、融資を受けた債務者に万が一のことがあった場合、生命保険会社が残債を支払ってくれる保険商品です。

ワンルームマンション投資でも、35年以上という返済期間を長く設定したローンを組むことができます。その間に大きな病気になったり、重大な事故に遭遇したりすることがないとは言えません。投資を行う上では、そういったリスクと向き合いカバーしておくことが大切です。

団体信用生命保険の保険料は通常、ローン支払いの金利に含まれているので、追加で保険料を負担する必要はありません。ワンルームマンション投資の安心感を支えてくれる非常にありがたい存在ですが、近年はさらに補償の範囲が広がっており、加入のメリットが拡大しています。

◆ワンルームマンション投資は生命保険の役割を果たす

ワンルームマンション投資を手がけることには生命保険に加入するのと同じ意味があります。融資を受ける際に団体信用生命保険に加入するため、投資家に万が一のことがあった場合には、残債のないワンルームマンションという財産が遺族のもとに遺されることになります。この仕組みは生命保険金がおりるのと同じと考えることができます。

生命保険金の場合には、生活費として使うと、一定の年数でなくなってしまうという問題がありますが、ワンルームマンションは保有している限り、年金のように一定の家賃収入をもたらしてくれます。

さらに生活の中で大きな資金が必要になった場合には、「売却して代金を得る」という選択もできます。即現金化するのが難しいというマイナス面はありますが、生命保険に比べて、デメリットを補ってあまりあるメリットがワンルームマンション投資にはあるのです。

◆がんや生活習慣病、要介護を対象とする団体信用生命保険がもたらす大きな安心感

かつては死亡保障や高度障害だけが保障対象だった団体信用生命保険に、近年はより保障の範囲を広げ、さまざまな健康トラブルを対象とするものが登場しています。

特に最近注目されているのががんを対象とする保障です。がんと診断される人は年々増加しており、国立がん研究センターがん対策情報センターが2013年に発表したデータによると、生涯でガンと診断される確率は男性62％、女性46％となっています。

最近では医療技術の進歩により、治る人も増えていますが、手術や抗がん剤などのがん治療は身体への負担が大きいため、治療しながらそれまでと同じように働くのは困難です。

厚生労働省の調査によると、被雇用者のうちがん発症後も引き続き勤務している人は47・9％にとどまります。依願退職した人が30・5％にのぼるなど、過半数の人は発症前と同じように働けておらず、経済的な苦境に陥ってしまう様子が見えてきます。

がん（保険会社の定める所定の悪性新生物）をカバーする団体信用保険に加入していれば、初期がんでも診断が確定した段階で保険金が下りるため、残債は0円になります。

同じく、糖尿病や高血圧などの生活習慣病も現代人にとって大きなリスクの一つです。生活習慣病の治療に要する入院は長引くことが多く、平均の入院期間は糖尿病で1か月以上、高血圧で2か月程度とされています。生活習慣病をカバーする団体信用生命保険ではその他にも心疾患や脳血管疾患など10種類の病気を対象とするものがあり、一定の状態になった場合には保険金で残債がクリアされます。

さらに介護も、近年は世帯の生活をおびやかす要因の一つと言われます。世帯主である投資家がもし要介護状態になったら、本人が働けないだけでなく、働いていた家族が介護のために離職を強いられることも少なくありません。そのため、最近では一定上の要介護状態になると保険金が下りる団体信用生命保険が登場しています。

がんや生活習慣病、介護といった問題はいつ誰にふりかかるかわかりません。ローンを利用して不動産投資を手がけ、保障範囲の広い団体信用生命保険に加入していれば、いざという時には保険で残債をクリアして、以降は諸費用を除く家賃収入を世帯の収入として受け取ることができます。長い人生における健康面及び経済面のリスクをカバーする上で、非常に頼りになる仕組みだと言えます。

本業の所得税・住民税を減らす効果も期待できる

◆サラリーマンには控除が少ない

「個人事業主に比べて納税面では不利」と感じているサラリーマンは少なくありません。確かに、個人事業主の場合には的確に経費を計上することで、課税所得額を抑えることが可能です。

一方、サラリーマンはほとんどが確定申告をしません。実際には特定支出控除として認められる出費を申告すれば、課税所得を抑えられるケースもあるのですが、条件が厳しいため経費として計上できる出費が少なく、本業以外の経済活動で発生した赤字を通算したりすることがあまりないので、申告している人は全サラリーマンの2％程度にとどまります。

少しの工夫で合法的に節税できるにもかかわらず、本来義務づけられている以上の税額を支払っている人もしばしば見受けられます。

◆損益通算すると本業の納税額を減らせる

個人事業主などの場合には、1人の人が複数の収入源を持っていることが少なくありません。本業の他にも不動産投資や株式投資などを手がけていれば、それらの投資から収益を得ることができます。

ところが収入源の中には、状況によっては赤字を生じるものもあります。たとえば不動産投資で大きな修繕費が必要になったり、株式相場が下がり損切りをしたりする場合などは、その年の収支がマイナスになることが考えられます。

収入源が複数に及ぶ時には、それらの収支を合算して課税所得を計算できる場合があります。これを「損益通算」と呼びます。

所得は税法で「利子所得」「配当所得」「不動産所得」「事業所得」「給与所得」「退職所得」「山林所得」「譲渡所得」「一時所得」「雑所得」という10の区分に分けられています。

それぞれ「損益通算」できるものとできないものがあり、サラリーマンが本業で受け取る「給与所得」と損益通算できるのは「不動産所得」「事業所得」「山林所得」「譲渡所得」の4区分だけです。ワンルームマンション投資による家賃収入は「不動産所得」にあたるので、給与所得と損益通算することが可能です。

パソコンの減価償却

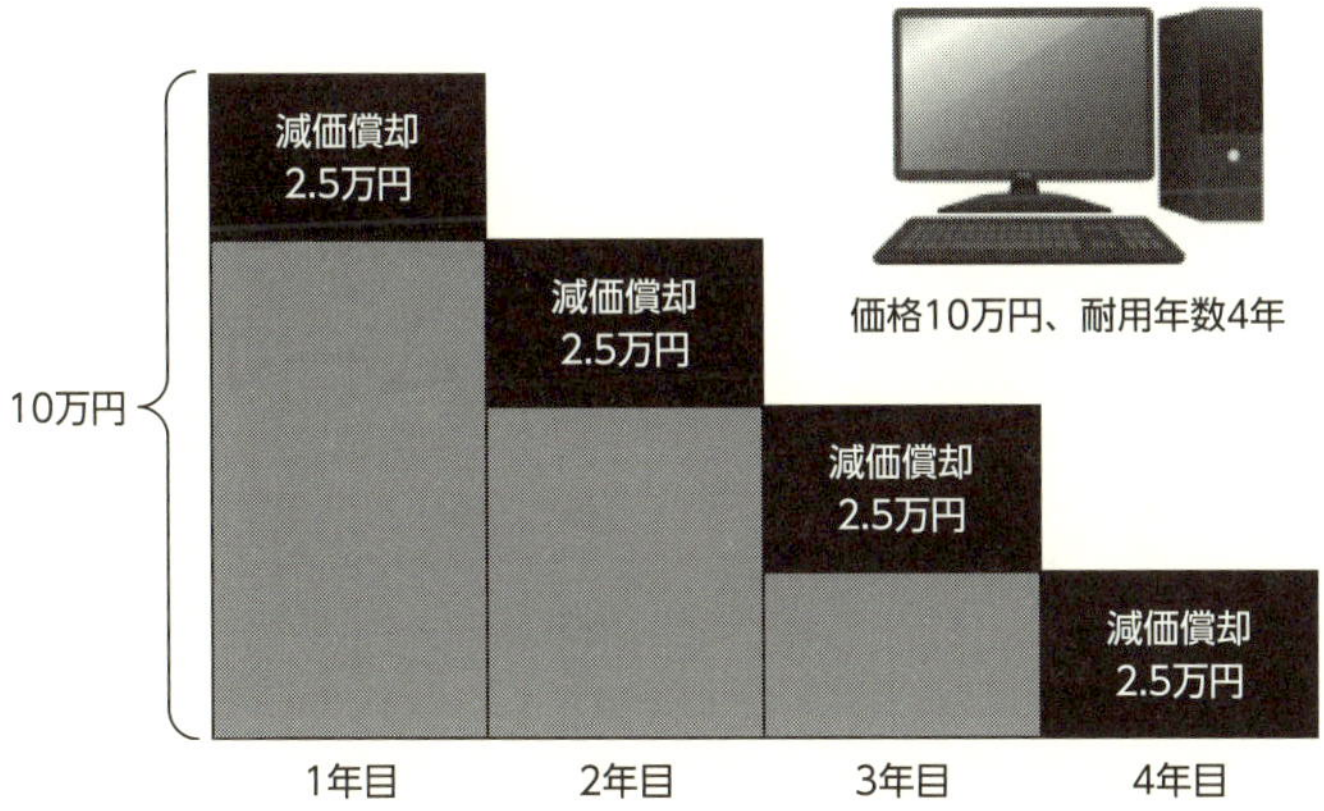

つまりワンルームマンション投資で帳簿上、赤字を計上することができれば、給与所得からその分を差し引いて課税所得を計算することができます。減価償却やローン返済の利息、その他の諸経費などを経費として計上できるため、納税額を計算する元となる課税所得を減らし、節税を実現することができるのです。

◆帳簿上のマイナスは減価償却によって発生する

節税できるからと言って、投資の収支が赤字になるのでは意味がありません。赤字はあくまで帳簿上発生するものであり、そのベースとなるのは「減価償却」です。

「減価償却」とは資産を取得するために要した費用を初年度だけでなく、複数年に分けて帳簿に計上することを言います。対象となるのは価格が10万円以上で、年数を経るごとに価値が下がっていくものです。したがって、自動車は減価償却の対象になりますが、書画骨董や宝石類などは対象とされません。

何年に分けて帳簿に記載するかは物品ごとに財務省が「耐用年数」として省令で定めています。新車は6年、パソコンは4年などと定められており、「耐用年数」を迎えると帳簿上の価値が1円となります。

◆ワンルームマンションの減価償却

ワンルームマンションの場合、減価償却できるのは建物と設備です。土地は年数を経ても価値が下がらないため、減価償却の対象とはなりません。なお、新築では建物と設備を別々に償却できますが、中古の場合には、一緒に償却することになります。

次頁の図は購入価格1800万円の新築・中古ワンルームマンションを減価償却した例です。それぞれ土地価格は600万円、建物と設備の価格は1200万円ですが、新築の場合には建物と設備の割合を7対3とするため、建物840万円、設備360万円に分けて償却することが可能です。鉄筋コンクリート造の法定耐用年数は47年、設備は15年で償却するため、新築では築15年目まで毎年44万円の減価償却費を計上できます。

新築ワンルームマンションの減価償却

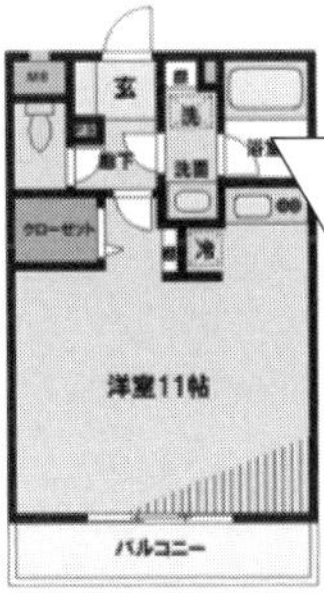

【Aマンション】
土地：600万円
建物：800万円
設備：400万円
建物の減価償却費：800÷47＝約17万円／年
設備の減価償却費：400÷15＝約27万円／年
合計：約44万円

中古ワンルームマンションの減価償却

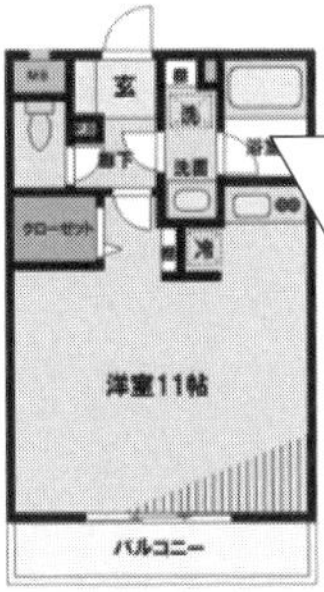

【Bマンション(築5年)】
土地：600万円
建物＋設備：1200万円
建物の減価償却費：1200÷43＝約28万円／年
合計：約28万円

一方、中古の場合には築5年なので、耐用年数の残存は43年と計算されます。建物をこの年数で償却すると1年あたり28万円となるため、15年目までは新築に比べてかなり小さな額になります。

◆諸経費と減価償却で本業の節税を実現

ワンルームマンション投資の収支を計算する時、経費として差し引くことができるのは、減価償却費だけではありません。その他にも、以下のような費用を経費として計上することができます。

①ローン返済のうち利息分
②管理費・修繕積立金
③管理委託料
④租税公課
⑤損害保険料
⑥入居促進費用
⑦修繕費

⑧交通費
⑨通信費・書籍等購入費

ワンルームマンション投資は手間がかからない

◆ハードとソフトの管理はそれぞれ専門家に任せる

ワンルームマンションを適切に経営するためには、しっかりとした管理が欠かせません。物件の状態が清潔かつ安全に保たれるよう清掃や劣化箇所の修繕等を行ったり、的確な入居者対応を行う必要があります。

そこで利用できるのが、管理の専門家である管理会社です。投資用ワンルームマンションの管理はハード面とソフト面に分かれています。それぞれの業務は通常、別の管理系統になっており、別々の会社が請け負うケースと、一つの会社が二つの業務を請け負うケースがあります。

【ハード面の管理業務】

○物件の保全

建物や設備の経年劣化や汚損について、入居者が安心して快適に暮らせるよう修繕や保全を行います。

○物件の清掃

エントランスや廊下など共用部を定期的に清掃し、物件を清潔に保ちます。

○事務管理

長期修繕計画の立案、理事会や総会の支援、管理組合の会計、管理費滞納者に対する督促、設計図書の管理などを行います。

【ソフト面の管理業務】

○入居者の募集

物件が空室になった場合には、次の入居者が入るよう、斡旋を行います。自社で行うケースや賃貸不動産仲介事業者に依頼するケースがあります。

○入居者の管理

家賃の徴収を行います。通常は引き落としや振り込みですが、入金がない場合には督促や回収を行います。

○入退居の対応

入居時には入居審査や敷金、礼金などの受け取り、カギの引き渡し等を行います。退去の際には退去立ち会いを行って物件の状態をチェックし、汚損に対する入居者の責任範囲を確認し、負担の割合について交渉を行います。

○契約の更新

入居者との間で結ぶ賃貸借契約は通常2年程度の期限を設けているので、契約満了時には契約更新の手続きを行います。通常は自動更新ですが、地域によっては更新手続きが必要なケースもあります。

○要望・クレーム等への対応

入居者からクレームが寄せられた場合には、実情を調査し必要であれば対応します。

「兼職・兼業の禁止」規定もクリアできる

◆ワンルームマンション投資は職場で認められている

公務員を始めほとんどの職場には「兼職・兼業の禁止」という規定が設けられています。本業以外のアルバイトなどを行うことを禁じる就業規則であり、抵触すると注意を受けるだけでなく、場合によっては戒告や懲戒、解雇など処分の対象になることもあります。

最近では、本業の収入だけでは生活を賄いにくい人が増えているため、一部には兼職・兼業を認める動きも見られるようになりました。けれども、そういった会社でもほとんどの場合、本音では「兼職・兼業は好ましくなり」と考えられています。

サラリーマンの「兼職・兼業」が制限されているのには主に3つの理由があります。

もっとも強く意識されているのは副業に労力を注ぐあまり、本業がおろそかになるおそれがあることです。仕事が終わった後、深夜に飲食店で働く日々が続けば、睡眠不足がたたって就業中に居眠りしたり、遅刻したりするかもしれません。

一般的な職場では禁止されていないFXや株式投資でも、深夜まで投資に熱中するあまり日中の集中力が落ちたり、値動きが心配で会議中にもかかわらず注意力が散漫になったりする人は珍しくありません。

2つ以上の仕事を掛け持ちすると、本業と副業の利害がぶつかる危険性があることも、兼業・兼職を禁じる理由の1つです。「本業で得た情報を副業に流用して利益を得た」などのケースでは、本業の勤務先に不利益が発生することも考えられます。

さらにもう一つ、副業の内容によっては、本業の雇用主または会社にとって「社員がそんなことをしていた」という悪評が社会的な信用の低下につながることが考えられます。違法とまでは言えないまでも、業種によっては本業の会社が大切にしているイメージにそぐわないことがあるため、企業としては兼職・兼業を禁じる理由となります。

ワンルームマンション投資はそもそも「事業」でも「職業」でもないため、「兼職・兼業の禁止」という規定には抵触しません。

また職場によってはたとえ禁止されていなくても、「本業に集中できていない」などの理由から、上司により投資が禁止されるケースも少なくありませんが、ワンルームマンション投資がそういった指導の対象になることはほとんど考えられません。物件購入後は入居者対応などを管理会社にほぼ丸投げできるので、労力を割いたり物件の状況を心配したりする必要がないためです。

私はこれまで多くの方々に物件を提供してきましたが、「兼職・兼業の禁止」に抵触したと見なされたケースは1件もありません。

ワンルームマンション投資は相続税対策にもなる

◆改正相続税法で課税される被相続人が増加

2015年1月1日から施行された改正相続税法により、相続を巡る状況が大きく変わっています。旧相続税法には大きな非課税枠があったため、相続税が課税されるのはかなりの資産家だけでした。基礎控除5000万円に加え、相続人1人あたり1000万円の非課税枠があったので、たとえば妻と子供2人が相続人なら、相続財産が8000万円を超えない限り、課税されなかったのです。

ところが改正相続税法では基礎控除枠が3000万円に、相続人1人あたりの非課税枠は600万円に縮小されました。相続人が妻と子供2人の場合、非課税枠は4800万円にとどまります。非課税枠が大幅に縮小された影響を受け、課税対象となるケースが急増しています。旧相続税法下では相続税を課税される被相続人は亡くなる人のうち4％程度でしたが、都市部では現在、10％を超えると言われています。

資産家だという意識がないサラリーマンにとっても、相続税対策が必要な時代となってきたのです。

◆ワンルームマンション投資で相続財産の評価額を下げる

前述の通り、相続税は非課税枠を超えた分については課税される仕組みとなっています。つまり相続財産の評価額を低く抑えることができれば、課税を避けたり納税額を引き下げたりすることができるのです。

相続財産としてどのように評価するのかは財産の種類によって異なります。たとえば現金や預貯金は額面通りに評価されます。3000万円の預貯金は3000万円と評価されるのです。

しかしながら不動産については特別な評価方法が適用されるため、時価に比べて評価額が大幅に圧縮されます。ワンルームマンションの場合には土地と建物に分けて相続税評価額が算出されます。土地については市場価格に近い公示価格の8割程度、建物については

Aさんの財産：**6500万円**

自宅の評価額
2500万円

預金4000万円

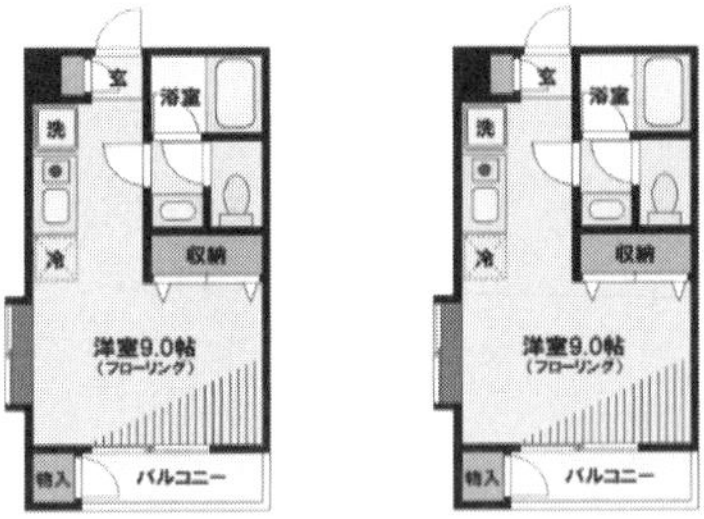

時価（1室あたり）：1800万円
相続税評価額：900万円
×
2室

相続税評価額：1800万円

Aさんの財産：2500万円＋1800万円＋400万円（預金残）＝**4700万円**

時価の7割程度となります。さらに賃貸物件として利用している場合には、その分の評価減として建物は7割、土地は8割程度と評価されるので、全体では時価の5割程度の評価になります。３０００万円で購入した物件なら、１５００万円程度と評価されるのです。

右図のAさんは妻と子供2人を持つ給与所得者で、財産としては相続税評価額２５００万円の自宅と、預金４０００万円を保有していました。Aさんがもし亡くなった場合、相続人は3人なので、相続税の非課税枠は４８００万円です。自宅と預貯金を合わせて６５００万円の相続財産のうち非課税枠をのぞいた１７００万円が課税対象となります。

そこで相続税対策として預貯金を使って時価１８００万円のワンルームマンション2室を購入しました。買値は１８００万円ですが、相続時に財産として評価される額は特例などが適用されるため大きく減額されます。ワンルームマンションの場合には3割程度に減額されるので、1室９００万円、2室で１８００万円と評価されました。６５００万円あった相続税評価額がワンルームマンションを購入したことで、図のように自宅や預金の残りと合わせ、４７００万円に圧縮され、非課税枠内におさまることとなったのです。

相続財産を分割する際には、自宅を妻に、ワンルームマンションを子供たちそれぞれに相続させることができるため、円滑な相続を実現できるというメリットも生まれました。

第4章

押さえておくべき
ワンルームマンション投資の
リスク

投資戦略は利回りとリスクに基づいて考える

◆リスクと利回りは比例すると考えられる

投資の世界では通常、「リスクと利回りは比例する」と考えられています。すなわち利回りが高い物件はリスクが高く、利回りが低い物件はリスクも低いというのが投資の常識なのです。

ワンルームマンション投資にも、このセオリーはあてはまります。「賃貸需要が少ない地方にある」など条件が悪い物件ほど、安価で購入することができるので、高利回りが期待できます。しかしながらその分、「なかなか入居者が入らない」「高値で売れない」などリスクも高いのです。

リスクを数値化して織り込むと、高かった利回りが低下し、都心部よりむしろ低くなってしまいます。たとえば「物件価格1200万円、家賃7万円」という物件の表面利回りは7・0％という高い数字になります。ところがこの物件が駅徒歩圏外にあり、空室だらけだったとすると、現入居者の退居後には家賃を下げる必要があります。周辺にある競合物件の家賃相場が5万円なら、その程度にまで下げなければなりません。リスクを織り込んで計算すると、利回りは5・0％にまで下がってしまいます。

◆想定して備えることでリスクを抑えて利益を確保する

ワンルームマンション投資において、利回りに影響するリスク要因は空室だけではありません。投資計画を立てる際には、その他のリスクについてもすべてを洗い出しておくことが大切です。

投資に限らず、リスクが大きな損失につながるのは、想定していないことが起きた時です。どのようなリスクであっても、あらかじめ発生する可能性があると考え、備えておくことができれば、損失を抑えて確実に利益を上げることができます。

第3章では主にワンルームマンション投資がもたらすメリットについて紹介しました。高利回りが得られるのはもちろん、年金や生命保険といった将来の備えとしても非常に役立つこと、所得税・住民税や相続税の節税効果があることなど、メリットは多彩です。そういったメリットをしっかりと確保するためにも、「ワンルームマンション投資にはどんなリスクがあるのか？」を洗い出し、それに備える策を準備しておくことが欠かせません。

リスク①：空室リスク

ワンルームマンション投資において、もっとも大きなリスクがこの「空室リスク」です。保有する物件に入居者が入らなければ、家賃収入を得ることができません。空室状態が長く続くと、収益の柱となるインカムゲインが大幅に低下するだけでなく、家賃収入でローンを返済するという投資計画を見直す必要が出てきます。

【対策】

空室が発生する原因は主に3つです。それぞれについて適切に対応することで、空室リスクを大幅に軽減することができます。

①立地に需要がない

ワンルームマンションに住みたがる人が少ないエリアなど、もともと需要が低いエリアは必然的に空室リスクが高くなります。したがって物件を選ぶ際には立地を最優先することが重要です。

具体的には利用者の多い沿線の駅近（徒歩10分圏内）を選択するようにします。私がお勧めする大阪市の中心6区（中央区、西区、福島区、北区、浪速区、天王寺区）は立地の需要が非常に高いエリアであり、今後も需要が拡大していくと予想されています。加えて最近では隣接する区の中にも、急速に人気が高まっているエリアがあり、こういった立地の物件を選ぶことで、需要の問題をクリアすることができます。

②物件に魅力がない

入居希望者が内覧に訪れた際、「ここに住みたい！」と感じる物件かどうかは、空室リスクを考える上で大きな要素です。新築物件には「新築プレミアム」と呼ばれる特別な魅力があり、入居者が付きやすいものです。ただ、物件管理が行き届いていないと、少しずつ劣化が進みます。

エントランスのドアが汚れていたり、共用部の廊下にゴミや吸い殻が落ちていたりすると、入居希望者に好印象を与えることができません。さらに室内のクロスがはがれていたり、バルコニーの手すりが錆びついたりするのを目にしたら、「やっぱり別の物件に……」と多くの人が考えます。

物件の魅力を保つ上で大切なのは、しっかりとした管理と適切なリフォームです。管理についてはマンション管理を請け負う管理会社に任せることになるので、責任感を持って仕事をしてくれる会社かどうか精査することが欠かせません。

リフォームについては費用対効果がなるべく大きくなるよう、計画的に行う必要があります。こちらは物件管理のソフト面を担う管理会社（詳しくはＰ１００参照）に相談して決めるのが一般的です。限られた資金の中でどのようなリフォームを行えば、顧客層が物件に対してより大きな価値を感じてくれるのか、適切にアドバイスしてくれる会社を選ぶことで、物件の魅力を効果的に高めることができます。

③客付けが弱い

収益を維持するためには、入居者が退去したら、できるだけ早くに新たな入居者を探して、空室期間をできるだけ短縮することが求められます。新規の入居者を呼び込む「客付け」は管理会社の業務です。

管理会社は自社で客付けを行う他、地元の賃貸会社や、全国チェーンの賃貸会社などにお客の紹介を依頼します。客付けにはさまざまな費用がかかるので、費用対効果を考えながら、賃貸会社に対する依頼の方法などを考える必要があります。

専門家である管理会社に任せる部分が大きいので、やはり管理会社の選択が客付けという面からも空室リスクに大きく関わってきます。

リスク②：家賃下落リスク

家賃の下落はインカムゲインの押し下げに直結するため、投資効率を考える上で非常に大きなリスクです。家賃の動向は空室リスクと密接に結びついています。空室期間がほとんどなければ、家賃を引き下げる必要はありませんが、空室期間が長くなると、家賃を引き下げることで、入居者を確保する必要が出てきます。

【対策】

家賃下落リスクは空室期間とのリンクが強いため、需要を維持し、物件の魅力を保ち続けることで、対応することができます。実際、都心の好立地に建つ物件であれば、築後年数がたってもそれほど大きな下落のない物件も珍しくありません。空室リスク対策と同じく、立地を選ぶことが家賃下落対策の要と言えます。

しかしながら築年数を経るごとに一定のペースで家賃が下落することを既定のリスクとしてあらかじめ織り込んでおくことも大切です。建物や設備が老朽化すれば、管理やリフォームによっても物件の魅力を築浅時と同等に維持し続けることは容易ではありません。

家賃はある程度下落するものと織り込んだ上で、ローンの返済に影響しないよう計画を立てておけば、家賃を引き下げる必要が発生した時にも、あわてることなく対応することができます。

具体的には月々得られるキャッシュフローの黒字分を貯めておき、繰り上げ返済に利用するのです。繰り上げ返済には返済期間を短くする「期間短縮型」と期間はそのまま据え置いて、月々の返済金額を減額する「返済額軽減型」があります。

「期間短縮型」の場合には元金が早く減るため、ローンの返済期間を短縮することができます。一方、「返済額軽減型」の場合には、月々のローン支払い額が減ることにより家賃下落に対応することができます。

リスク③：金利上昇リスク

ワンルームマンション投資で利用するローンはほとんどの商品が変動金利なので、将来的に金利が上昇するリスクがあります。たとえば1800万円を返済期間35年、金利2・0%という条件で借り入れた場合、月々の返済額は5万9627円です。ところが金利が2%上昇して4・0%になると、返済額は7万9699円になります。月々2万72円も増えることとなり、キャッシュフローに大きな影響が出かねません。

近年は安倍政権の景気回復策の一環として、歴史的な低金利状態が維持されています。インフレ目標が達成され、さらに行きすぎたインフレ傾向が強まるおそれが発生しない限り、金利が上昇する懸念はありませんが、ローンの返済は長期にわたるので、「起きる可能性があるリスク」として想定しておくことは大切です。

【対策】

金利上昇がもたらすもっとも大きなリスクは、月々の支払額が増えることにより、家賃収入でローンの返済ができなくなることです。これを防ぐためには、もともとの資金計画にゆとりを持たせることが必要です。家賃収入がローン返済額を大きく上回るよう、最初に自己資金を用意して借入を減らすなどの工夫が有効です。また家賃下落リスクと同様、繰り上げ返済により、早くに残債を減らしてしまうことも金利上昇リスクの軽減に役立ちます。

ただし、ローン返済額の見直しについては、多くの金融機関で5年ごとに最大1・25倍という上限が定められているので、金利が上昇したからと言って、いきなり月々の返済額が大幅にふくらむことはありません。

リスク④：物件価格の下落リスク

物件価格が下落すると、売却して投資を手じまいする時に、大きなマイナスが発生してしまいます。ワンルームマンション投資の最終的な収支は売却するまでに得られたインカムゲインや節税効果というプラスと、物件の購入価格と売却価格の差額を精算することにより決定します。

物件を長く保有することでインカムゲインは増えますが、売却価格が低くなると、売買差損が大きくなるため、最終的な収益が減少します。ただし売却しない限り、物件価格の下落リスクはほとんど問題になりません。唯一問題となるのは、新たに物件を購入しようとする場合、既存物件の担保価値が低く見積もられてしまうことです。

【対策】

価値が高く保たれる物件の第一条件は立地がよいことです。その点、大阪市の中心6区や隣接する区で、最寄り駅まで徒歩10分圏にある物件を選べば、立地というもっとも重要な条件を確実に満たすことができます。

物件の価値を維持するための管理やリフォームも大切です。ひびや錆び、汚損などを放置せず、こまめに対応することで、経年劣化を軽減して、物件をきれいに保つことができます。

また売却時のことを考えるなら、「定番」の物件を選ぶのが賢明です。バッグをリサイクルする際も、定番のブランドバッグは需要が高く、価値がわかりやすいので、高値で売れます。ワンルームマンションも同じで、定番の間取りやデザインの物件は高値での売却が比較的容易です。奇抜な間取りや、デザインの物件はどうしても流行に左右される傾向があるので、購入時に気をつける必要があります。

担保価値の定価は物件を買い増す戦略を立てている人にとっては問題ですが、それを見越して早めのサイクルで次の物件購入を計画すれば、影響を抑えられます。

リスク⑤：入居者トラブルリスク

リスクの中でもっとも対応が難しいのが、入居者とのトラブルです。人が相手だけに、こじれると問題解決に時間がかかり、さまざまなトラブルに発展することもあります。騒音トラブルなど入居者間のいさかいもしばしば問題となりますが、投資家にとって大きな問題となるのが家賃の滞納です。入居者トラブルは収益に大きく影響することがあるので、リスクとして意識し、対策を考えておくことが欠かせません。

【対策】

入居者トラブルを防ぐためには、予防がもっとも重要です。騒音など入居者間のトラブルは予防がなかなか難しいのですが、入居審査をしっかり行うことで、リスクを低減することができます。

家賃滞納についても、入居審査において職業や年収をきちんと把握することにより、リスクを大きく減らすことが可能です。また家賃保証会社に加入してもらうなどの予防策をとることで、滞納リスクを限りなくゼロに近づけることができます。

ワンルームマンション投資を行う場合、入居者対応を自身で行うケースはまれです。ほとんどの場合、トラブルが起きた際の対応はソフト面の管理を委託した会社の仕事となります。したがって、入居者トラブルのリスクを軽減するためには、予防を含めしっかり対応できる管理会社を選ぶことがなによりも大切です。

リスク⑥：災害リスク

地震や火災は投資家だけでなく、どのような人にとっても避けられないリスクです。国内では数年に一度大きな地震が発生しています。また人が居住している物件では、いつどのようなことが原因になって火災が起きるかわかりません。

ワンルームマンション投資においても、そういった災害により物件が被害を受けるリスクをあらかじめしっかり想定し、対策を講じておくことで損失を軽減することができます。

【対策】

火災対策の基本は保険に加入することです。火災保険については投資家本人が加入する他、入居者にも加入を義務づけ、二重の保険で備えます。ワンルームマンションは鉄筋コンクリート造なので、たとえ火災により室内が焼失しても、リフォームすることにより、比較的容易に復旧することができます。

前述しましたがＲＣ造のワンルームマンションはもっとも地震に強い建物の一つです。中でも新築や築浅の物件は最新の耐震基準に適合しており、構造計算によって強度が保証されています。そのため地震に際しても、まず大きな被害が発生することは少ないと言えるでしょう。

設備などの軽微な被害については保険でカバーすることが可能です。火災保険に付帯する地震保険に加入しておけば、地震により発生した損害の一部が補償されます。

管理会社は投資の成否を決める大切なパートナー

◆優れた管理会社はリスクを軽減し物件の魅力を高める

ワンルームマンションの魅力はハードとソフトで成り立っています。いつもきれいなエントランスや廊下、しっかり管理されているので安心して利用できるエレベーターなど、ハード面が充実していなければ、快適に住まうことはできません。

また入退居時やトラブルが発生した時などに適切に対応してくれる管理体制があるからこそ、安心して暮らせるのです。

ワンルームマンション投資では、投資家は入居者に住環境という「商品」を提供する対価として家賃収入を受け取ります。「商品」の魅力が高ければ、競合物件に打ち勝って入居者を確保することができます。物件の価値を高く保ち、投資を成功に導くことができるのです。

一方、「商品」に魅力がなければ、入居者を集めるのに苦労することとなり、前述した通り、空室や家賃下落、物件価格の下落などさまざまなリスクを招くこととなります。

商品の魅力を決める要素は立地や間取り、設備など多々ありますが、ハード・ソフト両面の管理は中でも重要なものの1つです。しかしながら忙しいサラリーマンには物件の様子をこまめに観察したり、入居者の要望を聞いたりする時間がありません。物件の管理業務はすべて管理会社に委託するケースがほとんどです。

したがって管理会社は投資の成否を決める重要な要素の一つとなります。

◆頼れる管理会社は的確なアドバイスをしてくれる

管理会社を選ぶのはなかなか難しいのですが、基本となるのはオーナーが求めたことをきちんと実現してくれる能力とやる気です。大手だから信頼できる、とも言えないのがこの業界の現状であり、実際に対応してくれる担当者の人柄などを観察しながら、オーナー自身が判断することが大切です。名前が通った大手の管理会社には管理委託料やリフォーム費用が高めに設定されているという特徴もあります。

能力と実績のある管理会社は的確なアドバイスや提案をしてくれます。入居者募集における費用のかけ方や、もっとも費用対効果が高いリフォームの時期ややり方など、経験と実績のある管理会社でなければわからないことが、ワンルームマンション投資においては、多々あります。積極的にそういったアドバイスをしてくれる管理会社や担当と出合うことができれば、投資の成功率は大きく高まります。

管理会社の実績という面では、管理している戸数や入居率を聞いてみることも、一つの基準になります。1000戸を超える物件数を管理している会社は経験が豊富ですし、入居率が9割を超えていれば、入居付けや入居につながる提案に優れていると判断できます。

なお、物件の販売を行っている不動産会社の中には管理業務を提供しているところもあります。物件を販売している会社は、投資家の身になって責任のある管理やアドバイスをしてくれることが多いのが特徴です。

出口は残債と損益分岐点で判断する

◆残債を出口の目安とする考え方

物件購入がワンルームマンション投資の入口なら、出口は物件を売却して手放すことでしょう。投資のリスクを抑えるためには、いつどのようにして物件を売却するのか、「出

ローン返済年数と残債
(借入：1800万円・金利：2.0%・返済期間：35年)

年　数	残　債
5	1619万7,414円
10	1414万0,098円
15	1186万6,598円
20	935万4,205円
25	657万7,809円
30	350万9,670円

口」についても想定しておくことが大切です。

ローンの残債がある時点で、手元から資金を出すことなく物件を売却するためには売却代金で残債を支払う必要があります。残債は元本の返済が進むに従って、年々減少し、満期になれば0円になります。したがって、35年ローンであれば、購入後35年経つと、残債はなくなります。一方、RC造のマンションの耐用年数は47年なので、帳簿上は12年分の価値が残っており、実際に売却する場合にも一定の価格はつきます。

つまり、不動産投資の場合は必ずプラスで売却できるポイントが訪れるのです。市場の動向により、その時点がいつ訪れるかという違いはありますが、それまでの支払いは家賃で賄った上、収益も得られるので、リスクが小さく確実性の高い投資だと言えるのです。

◆損益分岐点を目安とする考え方

出口にはもう一つ、損益分岐点を目安とする考え方があります。ワンルームマンション投資における最終損益は「売買差益・損」と「節税効果」「累積家賃収入」を足したものから経費や税金等を差し引いたものとなります。

物件価格が市場の動向により上下するので「売買差益・損」が将来的にどうなるのか予測するのは容易ではありません。また「累積家賃収入」は空室率により増減し、「節税効果」は本業の収入や家族構成などによって異なります。そのため、将来を精確に予想するのは難しいのですが、「累積家賃収入」と「節税効果」は経年とともに増えていくので、いずれは「売買差益・損」と「累積家賃収入」「節税効果」の合計から経費や税金を差し引いた金額がプラスとなるタイミングがやってきます。これが損益分岐点です。損益分岐点を迎えたら、その後は物件価格がよほど急落しない限り、最終損益は黒字になります。

ですから、損益分岐点を目安と考えることで、損をすることなく投資を終えられるのです。

第5章

年収600万円あれば
ワンルームマンション投資は
始められる

ローンを使って手元資金70万円で購入

◆ワンルームマンション投資の基本は投資マンションローンの利用

近年は銀行や住宅ローン専門会社などが不動産投資に特化した「投資マンションローン」を積極的に提供しています。それを利用することで、少額の資金から不動産投資ができるようになったのです。

特にワンルームマンション投資は必要とする資金の額が不動産投資の中では少ないので、まだ年収があまり多くないサラリーマンや、勤続年数の浅い方でも融資が下りやすい傾向があります。

◆物件購入時は自己資金を残してフルローンを狙う

最近では住宅ローンにもフルローンが登場しており、自己資金なしで住まいを購入できるようになりました。ワンルームマンション投資においても同様で、以前は一定の自己資金を用意することが必須とされていましたが、最近では物件を購入するための代金をすべてローンで賄うことが可能です。購入代金をすべて賄えるフルローンで融資をしてくれる金融機関が増えているため、購入代金の４％程度にあたる諸費用分の資金さえあれば、ワンルームマンション投資を始めることができます。

たとえば１８００万円のワンルームマンションなら、70万円程度の資金があれば購入可能です。後述しますが、購入時にはマンションの代金以外に、諸経費が必要なので、手元資金はその費用を賄うのに使用します。

購入費用の頭金を入れて借入を少なくした方が安心できる、と言う人もいますが、近年は極端に金利が低い状態が続いているので、むしろ借入を積極的に利用して自己資金は諸経費分だけにとどめた方が、投資効率の高い経営を実現できます。

金融機関も積極展開する「投資マンションローン」

◆サラリーマンも使える投資マンションローンとは

「投資マンションローン」は投資を目的としてマンションやアパートなど投資用不動産を購入する人向けに、資金を貸し付けるローン商品です。サラリーマンにとって馴染みが深いローンと言えば、「住宅ローン」がありますが、貸付の目的が異なるため、さまざまな違いがあります。その一つに返済期間の違いがあります。住宅ローンと同様、「投資マンションローン」の返済期間は最長35年ですが、物件の「法定耐用年数」によっても返済期間が異なります。

一般に「法定耐用年数」が残っている年数分しか返済期間として認められません。すなわち、RC造の「法定耐用年数」は前述のとおり47年なので、築20年の物件なら残存年数は27年ということになり、返済期間は最長27年と定められます。

ちなみに「法定耐用年数」は構造によって異なり、鉄骨造は34年、木造は22年なので、返済期間の最長はそれぞれ34年、22年となります。

もう一つ、「投資マンションローン」は金利の面でも住宅ローンとはやや異なります。住宅ローンの金利は昨今、歴史的な低さで推移しています。住まいの確保は国策でもあるため、国の支援を受けた金融機関により低金利で提供されてきましたが、2016年末時点では1%を切るローン商品も登場しています。

「投資マンションローン」は事業ローンの一種であり、全般的に設定金利は住宅ローンより高めです。また各金融機関によってもそれぞれ違いがあります。

ただし日本銀行がマイナス金利を導入するなど、超低金利政策が続く中、「投資マンションローン」の金利も非常に低い利率に設定されています。金利が異なると、月々の返済額にも大きな違いが現れるので、現在の超低金利はワンルームマンション投資を手がける人にとって、非常に有利な環境と言えます。

◆審査基準となるのは返済の確実性

「投資マンションローン」と「住宅ローン」では融資の可否を決める審査の基準も異なります。融資において可否を決める基準となるのは与信力です。「お金を貸してもいい」と相手に判断してもらうことを与信と言います。与信判断のもととなる条件をより多く満たしているほど、与信力が高く、融資を受けやすいということになります。

サラリーマンが「住宅ローン」を利用する場合、返済原資になるのは給与所得です。したがって現在どれだけの給与収入があり、将来にわたってどの程度安定的な就労を見込めるかが与信を決める最大の判断基準となります。

一方、「投資マンションローン」は事業ローンの一種なので、住宅ローンと同じく給与所得や就労の安定性に加え、さまざまな事柄が与信の条件となります。

【投資マンションローンの審査項目】

①年収

「投資マンションローン」の借入において、年収は大きな基準となります。最近では融資の条件が急速に緩和されており、年収400万円以上あれば「投資マンションローン」を利用することが可能です。また条件によっては年収の20倍まで融資してくれる金融機関もあります。

②勤務先や勤続年数

現在の年収が維持されるためには安定的な就労が欠かせません。今後も継続的に就労する可能性が高いと推測できるかどうか、勤続年数は一つの判断基準となります。また勤務先の規模や上場の有無なども重要な審査条件です。そのため極端な高額所得者ではないものの公務員は勤務先の破綻がなく、リストラに遭うリスクが非常に低いため高く評価されます。

③健康状態

健康であることは、安定的な就労の条件として欠かせない条件です。したがって融資の審査では健康状態が重視されます。「投資マンションローン」を組む際には死亡時など万が一の際に補償を受けられるよう、「団体信用保険」に加入します。保険加入時には健康診断もしくは告知書の提出があり、問題が見つかった場合にはローンを組むことができません。また一般的な「投資マンションローン」では完済年齢を79歳までに設定しています。高齢でローンを組むと、返済期間が短くなってしまうため、早めにローンを組む方が有利です。

④預貯金など金融資産の額

大きな額の預貯金を持っているほど、融資審査では有利です。特に融資の申込先となる金融機関に口座を持っている場合には、自己資金としてそのお金を物件購入代金の一部にあてなくても、融資を受けやすくなります。

⑤購入するワンルームマンションの立地

ワンルームマンション投資の場合、ローン返済の原資は「インカムゲイン」である家賃収入です。そのため「事業」における収益の見込みは非常に重視されます。「家賃収入がしっかりとれる物件か?」「空室リスクはどうか?」「価値が大きく下がる可能性はないか?」など投資の先行きが重要な審査項目となるのです。すなわち優良物件に対する投資ほど、融資の審査が通りやすいと言えます。

物件の収益性にもっとも強く影響するのは立地なので、融資の審査では物件の立地が問われます。

⑥その他の借入

住宅ローンや自動車ローンなどその他の借入があると、「投資マンションローン」を組みにくくなることがあります。特に消費者金融からの借入は危険視されることがあるので注意が必要です。

⑦個人信用情報

カードローンの延滞など、個人信用情報（いわゆるブラックリスト）に記載されるような事柄がある場合には、融資の審査で問題視されます。携帯電話料金の滞納なども個人信用情報に記載されることがあるため、注意が必要です。

融資審査で与信力が高いと認定される人ほど、融資を受けやすいだけでなく、金利などについて、より有利な条件となるよう交渉することができます。

また購入する物件の選び方によっても、与信力は大きく変わります。信頼できる不動産事業者と一緒に物件を選び、融資についても相談することで、より大きな額をより有利な条件で借り入れることが可能になります。

他の投資にはない高レバレッジが不動産投資の魅力

◆ローンの利用でレバレッジを効かせる

ワンルームマンション投資のもっとも大きな魅力は「レバレッジ」にあります。「レバレッジ」とは「テコの原理」で知られるテコのことです。小学校の理科で習う通り、テコを使えば小さな力で大きなものを動かすことができます。投資においても「レバレッジ」を効かせることにより、小さな資金で大きな利益を上げ、資産を築くことができるのです。

前述のAマンションに対する投資でも、投資家が費やしたコストは諸費用分の70万円だけです。70万円の資金で価額1800万円という大きな物件を保有し、経営することで、利益を生み出しているのです。

購入金額1800万円で年間家賃収入90万円を得ているため、表面利回りは5・0%とされます。1870万円の投資額に対して、経費を除いた家賃収入は80万4000円なので、実質利回りは4・3%です。

しかしながら実際に用意した資金70万円で、経費を除く家賃収入80万4000円をあげていると考えれば、利回りは114・9%という驚異的な高さになります。インカムゲインとしては、他のどの投資でもあり得ない利回りでしょう。

これは投資資金を借り入れられるワンルームマンション投資ならではのメリットです。株式やFX投資では投資対象が担保には不向きなので、資金を借り入れることができないのですが、ワンルームマンション投資の場合には、購入対象となる物件に抵当権を設定し、担保として確保できるため、金融機関も融資を行うことが可能となります。

借入を利用して、自己資金よりはるかに大きい資金を動かす投資は、不動産投資ならではのものと言えます。

◆資産形成にはレバレッジが必須

世界的な注目を集めたトマ・ピケティ氏の著作「21世紀の資本」でも語られた通り、労働によってお金を稼ぐよりお金でお金を稼ぐ方が、はるかに効率よく大きな利益を得ることができます。

資産を形成するためにはそもそも「種」となる資産が必須なのです。

ところが多くのサラリーマンは「種」となる資産を持っていません。頑張って貯金し、どうにか投資に使える資金を作れる人もいますが、容易なことではありません。

働く人の平均年収が下がる中、1000万円以上の資金を作ることは以前にも増して難しくなっています。外食費や遊興費を削り、衣食住にかけるお金もできるかぎり節約しても、長い歳月が必要です。

しかしながら資産作りには「なるべく早く始めた方が有利」という特徴があります。前述の通り、ワンルームマンション投資においても、健康状態に問題が発生すれば融資を受けることができなくなります。返済期間についても79歳までという年限があるので、早くから手がけることで、より好条件で投資を手がけることができるのです。

無理な節約をしたり時間をかけたりすることなく投資を始めたい――サラリーマンのそんなニーズに応えてくれるのが融資です。さらに言えば融資を利用して「レバレッジ」の効いた投資を行うことで、資産作りにチャレンジできるのです。

前述のAマンションの例では、最初に諸費用分として負担した70万円以外、まったく負担することなく、投資家はマンションという資産を保有することに成功しています。インカムゲインを得ながら自己資金の25倍にあたる資産を築くことができるのです。

金融機関からの融資を「種」として行うワンルームマンション投資は、資産家にしかできなかった高効率の資産作りをサラリーマンにも可能とする非常に稀少な投資法と言えます。

融資申込から融資完了までの流れ

①物件を選んで投資計画を練る

購入する物件を探し、投資スタンスやニーズに合うものを選択します。立地が悪く価格が低い物件を選べば、高利回りを期待できることがありますが、物件の担保価値が低いと融資が難しいケースもあります。

物件を選ぶ際にはより有利な条件で融資を受けられるよう考えることも大切です。

②必要な書類をそろえて融資を申し込む

融資の申込には左記の書類や資料が必要です。

【物件に関する資料等】

・物件概要書

・登記簿謄本

・固定資産税評価証明書

・公図

・住宅地図

・販売図面

・建物図面

・物件写真

【経営に関する資料等】

・キャッシュフロー試算表

・物件取得関連費用概算表

【投資家に関する資料等】

・身分証明書（運転免許証・パスポートなど：本人確認のため）

・住民票
・保険証（在籍確認）
・源泉徴収票（3年分）
・確定申告書もしくは課税証明（3年分）
・その他借入があれば、返済表

書類に不備があると、融資の申込に時間がかかってしまい、スムーズな購入の妨げになります。信頼できる不動産事業者に相談することで、書類の準備等を手伝ってもらうことができます。

③金融機関により融資審査が行われる

投資家の用意した書類をもとに、金融機関の担当者が稟議書を作成し、支店や本店で審査が行われます。事業としての健全性やキャッシュフロー、投資家の年収や勤務先、勤務年数などを基準に返済の確実性が判断されます。

1章 2章 3章 4章 5章 6章 7章 8章

④融資決定通知を受け契約手続きを行う

融資が決定されると、金融機関から通知があります。投資家は契約手続きを行いますが、その際には主に3つの契約を結びます。

【金銭消費貸借契約】

将来返済することを条件として、ワンルームマンションを購入するために消費する資金を借り入れる契約です。この契約では貸付金額の他、貸付日や返済の方法、一定の利息を支払うことなどが定められます。また万が一返済が遅れた時には、「期限の利益」を喪失することも盛り込まれるので、注意が必要です。

「期限の利益」とは「一定の期限まで債務を返済しなくてもいい」という権利を指します。ローン契約ではこの権利が保障されることにより、定められた期日ごとに一定の返済を行っていれば、期日前に一括返済を求められることがありません。債務者にとっては時間的な利益が生まれるので、この権利は「期限の権利」と呼ばれています。

「金銭消費貸借契約」においては、返済の遅延以外にも、契約内容に違反があった場合や契約内容に虚偽の事実が見つかった場合、債務整理を行った場合などは「期限の利益」が喪失するものとされています。「期限の利益」が失われると、債務者には借り入れた資金を一括返済する義務が発生します。

【抵当権設定契約】

購入するワンルームマンションを担保物件とするため、抵当権を設定する契約です。抵当権が設定されたことは法務局に届け出て登記する必要があります。

【団体信用生命保険契約】

詳しくは前述した通り「投資マンションローン」を利用する際には、債務者が万が一死亡したり、高度障害状態等になったりした場合に借入金の返済を賄えるよう、団体信用生命保険という特別な生命保険契約を結ぶことになります。

⑤融資が実行され物件を手に入れる

融資された資金を支払い、物件の引き渡しを受けます。購入した物件の登記を行い、管理会社と契約を結んで管理を委託するなど、ワンルームマンション投資がスタートします。

ニーズに合わせて管理会社を利用する

◆ソフト面の管理委託契約は投資家のスタイルに合わせて選ぶ

ソフト面の管理については、必要とされる業務のうちどこまでを委託するのか、投資家は自身のニーズに合わせて選ぶことができます。

ソフト面の管理業務は「日常管理」「契約管理」「家賃管理」に分けられます。各業務の内容は次頁の図の通りです。

このうちどの管理業務を管理会社に委託するのか、管理契約の種類によって選ぶことができます。管理契約には通常「一般管理契約」と「管理委託契約」があります。「一般管理契約」は管理業務のうち「日常管理」と「契約管理」を委託するもので、家賃の徴収や督促・回収などは投資家が自分で行うことになります。一方、「管理委託契約」は「家賃管理」まで含むすべての管理を委託する契約です。

管理業務の一例

	一般管理	管理委託契約
契約管理	入居者募集	入居者募集
	入居審査	入居審査
	賃貸借契約書作成	賃貸借契約書作成
	賃貸借契約の締結	賃貸借契約の締結
	入居時の室内検査	入居時の室内検査
	契約書控保管	契約書控保管
	鍵の保管	鍵の保管
	間取り図保管	間取り図保管
	退去連絡の受付	退去連絡の受付
	退去立ち会い	退去立ち会い
	退去後補修工事	退去後補修工事
	退去者への精算処理	退去者への精算処理
	更新業務	更新業務
日常管理	入居者からの苦情処理	入居者からの苦情処理
	近隣からの苦情処理	近隣からの苦情処理
	甲及び入居者からの処理依頼対応	甲及び入居者からの処理依頼対応
	甲及び入居者との意見調整	甲及び入居者との意見調整
家賃管理		未納賃料の催促業務
		賃料改定
		※賃料等の徴収
		※精算書作成と送付
		※賃料滞納保証
		※強制退去時の法廷手続き費用保証
		※入居者退去時の不払い原状回復保証

「一般管理契約」の方が委託費用を削れるというメリットはありますが、家賃の督促や回収は手間がかかり面倒な業務なので、忙しいサラリーマンが手がけるのは簡単ではありません。物件と居住地の距離が遠い人や不動産投資に慣れていない人にとっても、業務の一部ではなくすべてを委託した方が安心できるので、ソフト面の管理は専門家にすべて依頼するのがお勧めです。

固定資産税等、その他の経費も経営計画に算入しておく

◆物件の経営に必要な経費を把握しておく

ワンルームマンション投資では、物件を保有し、経営していくために一定のランニングコストがかかります。経営計画を立てる時には、そういったコストをすべて計算に入れて、キャッシュフローがどうなるのかを考える必要があります。

【ワンルームマンション投資に必要なランニングコスト】

○管理費

建物の清掃や建物設備、消防設備機器の点検、機械警備、会計管理などハード面の管理を任せる管理会社に対する支払いです。

○修繕積立金

長期にわたり行う大規模修繕の費用として積み立てるお金で、毎月管理費と一緒に支払います。

○管理委託料

入居者対応などソフト面の管理を委託する管理会社に支払う手数料です。

○固定資産税・都市計画税

物件を保有していることに対して毎年発生する税金です。固定資産税は「固定資産税評価額」の1・4%、都市計画税は0・3%かかります。固定資産税評価額が400万円の物件ならば、固定資産税・都市計画税を合わせて、毎年6・8万円の税負担が発生することになります。

○入退居時のリフォーム費用広告料等

入居者が退去した際、次の入居者を迎えるために、クロスの貼り替え、クリーニング、錠前の取り替えなど一定のリフォームが必要になることがあります。

その他、入居者募集に際して広告料等必要となるケースがあります。

◆修繕積立金で大規模修繕に備える

ワンルームマンションは雨風や日光にさらされ、人が毎日使用するため、どうしても経年とともに劣化が進みます。小さな修繕に関しては日々の管理で対応できますが、外壁の塗り替えなど数年に一度行う大規模な修繕には大きな費用がかかります。そのため分譲マンションではあらかじめ「いつどのような大規模修繕をするか」を定める長期修繕計画を立て、計画に基づいて修繕を進めます。

長期修繕計画を実施するための資金は、物件を区分所有するオーナーが積み立てることになっています。

入退居時のオーナー負担は礼金や特約で賄えることも

◆入居時には礼金などの入金がある

新たな入居者が入る時には、オーナーのもとには礼金などの入金があります。入居時に入居者が支払う費用について、かつては関東では敷金・礼金、関西では保証金を預かるなど、地方による慣習の違いがありました。敷金は一種の預かり金で、退居時には返還されます。礼金は部屋を借りることに対するお礼として支払うものであり、そのままオーナーの収入になります。

関西に多かった保証金は敷金と礼金を兼ねた性質を持つ費用で、退居時には一定割合を差し引いて返還することがあらかじめ契約で定められています。現在では関西でも敷金・礼金制度を導入するケースが増えており、入居時にオーナーが受け取れる収入に関する制度は均一化されつつあります。

なお、家賃滞納を補償してくれる保証会社を使うケースが増えていることから、敷金を預からない物件が最近では主流になっています。礼金についても、とることはできますが、とらないことで入居率を高める効果を見込めるので、あえて「礼金不要」とする場合もあります。

◆経年劣化についてはオーナーが礼金を資金に負担する

退居時に問題となるのが部屋の状態です。経年とともに住まいはどうしても劣化する上、人が住めばあちこちに小傷ができるなど、どんなに気をつけて暮らしていても、一定の汚損は発生します。

次の入居者を迎えるためには、できるだけきれいな状態に戻したいところですが、入居者に過失や故意による汚損がなく、「通常の使用」をしていた中で生じた物件のダメージについては、原状回復はオーナーの負担となります。国土交通省が「原状回復を巡るトラブルとガイドライン」という基準を示しているので、それを参考に対応を決めます。

1年程度であれば、清掃のみで次の入居者を募集できることが多く、リフォームが必要な場合も、たいていはクロスの一部張替など小規模で済みます。費用についても新たな入居者が支払ってくれる礼金をあてることができるので、オーナーの負担は非常に限定されます。

◆清掃やカギの交換は特約で入居者負担にできる

入退居に伴う費用負担の一部は、入居時に取り交わす賃貸借契約の中で、あらかじめ「入居者の負担」と定めておくことも可能です。私の会社が管理を請け負うケースでは、「退居時の清掃」と「錠前の交換」を入居者負担としています。

新たな入居者を迎えるにあたって、清掃は必須です。この特約があることで、オーナーは費用負担をすることなく、部屋をきれいな状態に戻すことができます。またセキュリティのためには錠前の交換も欠かせませんが、こちらも入居者の負担で交換することができるので、経営の中で生じるコストを抑えることができます。

家賃でローンを支払い、利益を得るシミュレーション

◆サラリーマンが借り入れられる金額の上限は年収の6～20倍

サラリーマンがワンルームマンション投資のために融資を受けられる金額の上限は、与

信力や年収などによって異なります。一つの基準となるのは年収の6倍程度で、たとえば年収600万円のサラリーマンなら、3600万円までの融資を受けることができます。

1000万円を超える高額所得サラリーマンの場合は20倍以上という大きな金額の融資を受けられることもあります。

年収や勤務先といった投資家の属性以外にも、物件の収益性や保証人の有無、購入する物件以外の担保などにより融資額の上限が上積みされることもあるので、複数の金融機関に打診してみるのがよいでしょう。

◆ローンは家賃収入で返済する

住宅ローンの返済は給与所得が原資となります。ところがワンルームマンション投資では、購入した物件からあげる家賃収入で「投資マンションローン」の返済を賄うため、給与所得を削る必要はありません。

上図は「投資マンションローン」を利用して、価格1800万円のワンルームマンション、「Aマンション」を購入した場合のシミュレーションです。

自己資金として70万円を用意し、マンション購入の諸費用に充てました。物件価格にあたる1800万円は「投資マンションローン」を利用し、金利2・0%、返済期間35年で

支　出		収　入	
ローンの支払い	59,627円	家賃	75,000円
管理費・修繕積立金	8,000円		
合計	67,627円	合計	75,000円
収支	+7,373円		

借り入れました。

月々の収支を見ると、支出はローンの支払い5万9627円と管理費・修繕積立金の合計6万7627円となっています。収入は家賃収入が7万5000円あるので、収支は7373円の黒字です。

購入後は入居者がついている限り、投資家は負担なしに、毎月それだけの金額を収入として得ることができるのです。

◆ローン完済後のより大きな収入は老後の資金に

ワンルームマンション投資のよいところは、毎月の収入が得られることだけではありません。家賃でローンの支払いを続け、完済すればマンションは完全に投資家のものになるのです。

ローンの支払いがなくなるので、毎月の支出は管理費・修繕積立金だけになります。Aマンションのケースならたとえ経年劣化を考慮して、家賃を6・5万円に引き下げたとしても、5・7万円が毎月手元に入ることになります。

たとえば30歳で購入した場合、ローンの支払いが終わるのは65歳になった時です。仕事をリタイヤし、生活資金を年金のみに頼る段階で、月々6万円弱の収入が入るのは非常に心強いことです。

またいざという時にはマンションを売却して、大きな資金を作ることもできます。「定年後はカフェを開いてみたい」「田舎暮らしや海外での暮らしがしたい」など、老後の夢は人それぞれ多彩です。元手となる資産があれば、夢は夢のままで終わらず、実現させることが可能になります。

第6章

東京ではなく
大阪を買う時が来た！

東京の新築物件価格は大阪の1・5倍以上

◆ミニバブルを超えた東京のワンルームマンション価格

2020年に開催される東京五輪を控え、東京の不動産価格が急騰しています。ワンルームマンションの価格も上昇しており、2017年9月時点における東京都のワンルームマンション1室の平均価格は「ミニバブル」と呼ばれたリーマンショック直前を上回る価格になっています。

地価の上昇を受けて2000年以降ジワジワと値上がりしてきましたが、東京五輪決定もあり、近年はそのピッチが上がっています。特にワンルームマンションではその傾向が強く、新築ワンルームマンションの供給が減り、築浅の中古物件に人気が集中しているため大幅に価格が上昇しているのです。

その一方、家賃の平均額は近年ほとんど変化していません。首都圏にあるワンルームマンションの平均賃料はほぼ横ばいの状態が続いています。背景にあるのは賃金の停滞です。

東京都における賃金の平均は２０１２年には36万５２００円でした。２０１６年には37万３１００円となっており、４年間の伸び率は２・２％にとどまっています。収入が増えなければ顧客層は住居費を増額することが難しいため、物件価格の上昇に家賃がまったく追いついていないのです。

物件価格が高騰し、投資額が増えたにもかかわらず、それに応じて家賃収入が増えなければ、利回りが下がります。東京におけるワンルームマンション投資は、近年頭打ち状態になっている、というのが一般的な見方です。

◆賃料の差が小さいため大阪の方が利回りが高い

２０１８年春における新築ワンルームマンションの平均価格を比較すると、東京は大阪の約１・５倍の高さとなっており、割高感が際立ちます。地価が高いため、つられて物件価格も高くなっているのですが、入居者から得られる賃料にはそれほど大きな差はありません。

価格差に対して家賃差が小さいため、大阪に比べると東京における利回りの低さが際立ちます。利回りで判断するなら、物件価格が急騰した東京は大阪に比べてかなり魅力が薄くなっていると判断することができます。

東京のワンルームマンションが魅力を取り戻すためには、家賃の上昇が求められますが、その点もあまり期待はできません。2015年における大阪の平均賃金は32万7100円となっており、前述した東京との差は12・3％にとどまります。

一方、東京は家賃以外の物価も高く、国内では随一です。2014年末に総務省統計局が発表した「都道府県別消費者物価地域差指数」によると、全国平均を100とした場合、東京は105・2ポイント、大阪は100・2ポイントとなっています。

家賃がすでに高額で物価も高い東京では、「より多くの住居費を負担する余力が賃貸物件入居者にはあまりない」と考えることができます。アベノミクスによる景気の回復を受けて、ボーナスを増額する企業は増えていますが、いったん上げてしまうと減額しにくい給与についてはまだまだ慎重な姿勢を示す企業が多数派です。

より安定的な収入増を意味する給与の増額（ベースアップ）が一般化しなければ、働く人たちが生活の中で支出できるお金は増えません。東京におけるワンルームマンション投資の利回りは景気回復の効果がさらに浸透するまでは頭打ち状態が続くと考えるのが正解です。

◆安定的な需要が東京の魅力

高利回りが望みにくくなっている東京ですが、ワンルームマンションに対する需要が今後も長く続くという意味では、つきない魅力があります。東京・大阪・名古屋の三大都市圏を比較した場合、いずれの都市圏でも世帯数は近年も増加傾向にあります。2008年以降、国内の人口が減少に転じる中、三大都市圏では堅調に世帯数が増加し続けているのです。

加えて東京には依然として人口も増加しているという特徴があります。2016年2月に発表された国勢調査の結果を見ると、多くの都道府県で人口減少が確認される中、東京、埼玉、神奈川、千葉など首都圏については増加があったものとされています。

五輪景気を受けて労働力の流入に拍車がかかっていることも一因と考えられますが、首都東京の吸引力は強く、今後も安定的な需要が期待できます。

◆利回りが高く魅力的な物件が数多い大阪

一方、大阪におけるワンルームマンション投資の魅力は価格が低いことです。物件価格が東京に比べて低い分、少ない資金で投資を始めることができます。東京の物件は大きな資金が必要ですが、大阪のワンルームマンションはかなり割安なので、これから投資を手がけるサラリーマンにとっては、手軽に始めることができます。

またまだ若いサラリーマンや年収が伸び悩んでいる方など、大きな額の融資が難しい方でも、十分手が届く価格で良質の物件を購入できるので、安心して投資を始めることが可能です。

3500万円の物件1室より1800万円の物件2室

◆複数保有で空室リスクを軽減する

投資の基本はリスクヘッジにあります。第1章で解説した通り、資金を一つの投資アイテムに集中させるのではなく、異なる投資に配分することで、リスクを軽減することが投資を行う上で非常に重要なセオリーです。

ワンルームマンション投資においても、このセオリーは投資効率を高める基本戦略となります。たとえば3600万円の資金を用意できるのなら、3500万円のワンルームマンション1室を購入するのではなく、1800万円の物件を2室購入することにより、リスクを軽減することができます。

ワンルームマンション投資における大きなリスクの一つに「空室リスク」があります。3500万円を金利2・0％、返済期間35年で借り受けた場合、毎月のローン返済額11万5942円＋管理費を支払うことになります。仮に、東京で3500万円を費やし、家賃15万円の物件を1室購入した場合、万が一物件が空室になれば、投資家は手元資金で11万5942円＋管理費を賄う必要があります。

一方、同等額の資金を使って大阪で家賃7・5万円の物件を2室購入した場合、万が一1室が空室になっても、手元資金から出す分は4万4254円＋管理費分ですみます。

ちなみに2室を保有すれば、空室リスクは半分になるわけではありません。仮にある月に1室が空室になるリスクを3％とすると、2室ともが空室になるリスクは0・09％と1／33に抑えることができるのです。3％はある程度想定する必要がある数字ですが、0・09％であればまさに「万に一つ」に近い数字であり、「ほとんど起きないこと」と考え安心して本業に励むことができます。

3600万円という資金の範囲内で、ある程度以上良質なワンルームマンションを2室購入することは、東京ではかなり困難です。ところが大阪では可能なので、資金を分散することで、空室リスクを大きく軽減することができるのです。

◆複数物件を持っているとリスクを抑えて効率的に資産を増やせる

ワンルームマンション投資では市場動向によっては売却益が取れることもあります。ただし、物件を売却してしまうと、家賃収入がなくなるため、どちらをとるのかという判断は難しいところです。

物件を複数持っていれば、「ある物件は売却し、ある物件は残す」という折衷案を採用することが可能です。「売却か保有か」という二者択一の判断は困難ですが、どちらのよいところも得られる折衷案であれば、決断しやすくなります。

また保有する物件をある程度残しながら買い換えていくことには、リスクを抑えながら効率的に資産を形成できるという利点もあります。長年経営を続け、経営のコツがわかっている物件を保有し続けることで、確実に家賃収入をあげることが可能です。その一方で、売却代金を活用して、さらに利回りのよさそうな物件にチャレンジすれば、効率的に資産を増やしていくことができます。

東京より価格の変動が少なく安定経営できる

◆地価の変動幅が少ない大阪

ワンルームマンションを含む不動産の価格は基本的に地価の動きと連動します。つまり地価が大きく動く地域ほど、ワンルームマンションの価格も大きく変動するのです。先に解説した通りキャピタルゲインは狙ってとれるものではありません。不動産物件の価格変動は専門家でもなかなか読めないため、買い時によってはロスが出る可能性もあります。

したがって計画的にとることができるインカムゲインを収益の柱に据えるべきであり、物件の価格変動が少ないほどキャピタルロスのリスクを抑えて、インカムゲインとキャピタルゲインを合わせたトータルで安定的に収益を得ることが可能です。投資の出口である物件売却までを合わせたすべての収支を安定させることができるのです。

1987年以降の住宅地の地価平均を見ると、東京23区は最高136・1万円／平方メートル、最低43・8万円／平方メートルとなっており、価格差は92・3万円もあります。一方、大阪は最高80・7万円／平方メートル、最低23・3万円／平方メートルと57・4万円差にとどまります。

ワンルームマンション投資で1室を区分所有する場合にも、地価の変動幅はそのまま物件価格の変動幅に影響するため、東京より大阪の方が安定的に収益をあげやすいと言えます。

エリアを選べば大阪で安定需要を確保できる

◆古くから商都として栄え、近年はIR（統合型リゾート）構想も

大阪は古くから商都として栄えてきた町です。その起源は5世紀にまでさかのぼり、奈良、京都、東京（江戸）と国内の首都が歴史の中で変遷する中でも、常に「第二の都市」として主に商業や貿易、文化交流の拠点として独特の役割を担ってきました。

江戸時代には「天下の台所」と呼ばれ、経済都市として日本の「食」を支えたことで知られており、現在でも大阪は食べることにこだわる人が多い「食い倒れの街」と言われます。

近世に入ると、商都としての古い歴史を土壌として、数々の有名企業が生まれました。大企業の中には、大阪を発祥の地とする会社も多く、たとえば総合商社では五大総合商社のうち三井商事を除く4社が大阪生まれです。

他にも新聞社では朝日新聞や毎日新聞、金融では三井住友銀行、りそなホールディングス、野村證券など、また武田薬品工業、塩野義製薬、大日本製薬など、製薬会社の多くが「薬の町」として知られる道修町から発祥したことは、国内でも広く知られています。

近年ではカジノを含む統合型リゾート（以下ＩＲ）を大阪に誘致するという気運が高まっており、アメリカのカジノ大手がそれに備えて日本人の雇用を増やしているなど、実現に向けた動きが加速しています。ＩＲ構想が現実のものになれば、地域経済への影響は大きく大阪府では最大１・３兆円の経済効果があると試算しています。

◆人口と世帯数が増え続ける大阪市内

現在の大阪府は人口８８３・９万人（２０１６年11月1日時点）となっており、東京都、神奈川県に次いで、国内第3位にランクされています。大阪を投資先と考える場合、実は大阪府ではなく大阪市にターゲットを絞ることが大切です。

大阪市は大阪府内の都心部であり、ビジネスの中心地です。主要な企業の本社や支社は大半がこの大阪市内に集中しており、大阪における中枢と言えます。

大阪市の人口は270・3万人と大阪府下の人口の約1／3を占めます。世帯数は137・6万世帯で、うち約半数が単身世帯です。大阪府の人口が減少傾向となっているのに対し、大阪市では人口、世帯数ともには現在も急ピッチで増加しています。2015年11月1日時点の人口は269・3万人、世帯数は135・7万世帯なので、1年で人口が約1万人増え、世帯数が1・9万世帯増えたことになります。

多くの大都市圏と同じく、大阪でも都心回帰が活発化しており、交通の便がいい市内中心部では、住宅に対する高い需要が見られます。大阪市内でも、特にオフィスや商業施設が集中する北部エリアの中心である梅田と南部エリアの中心である難波まで地下鉄で4駅という近さです。東京とは異なり、都心部にビジネスエリアが集約されているという特徴があるのです。

さらに最近では大学のキャンパスが都心部に移転してくるケースも増えており、社会人需要と学生需要が重なる中で、中心部の人口および世帯数の増加が見られています。

今後も住まいに対する高いニーズが見込まれているので、大阪市中心部における不動産投資には大きな安心感があります。

◆南北の主要エリアで進む開発

東京に比べてまだまだ開発の余地が大きいことが大阪の利点です。近年は各地で大規模開発が進められており、町全体がドラスティックな変革の最中にあると言えます。

その代表例と言えるのが大阪駅北側で続く「うめきた地区プロジェクト」です。交通の要衝である大阪駅北側の用地開発計画ですが、２００４年に始まった同計画は２０１３年に第一期工事が完了し、商業施設・オフィスが入る大型ビル「グランフロント大阪」が開業しました。

現在も第二期工事が進められており、オフィスビルの他、商業施設やマンション、ホテルなどが建設される予定です。また同地に新駅を作って関西国際空港と直結させる計画も進められており、これまで中心街とのアクセスに難があった関西国際空港の利便性が大きく高まるものと期待されています。

一方、古くから名古屋圏とのアクセスが良好な市内南部の天王寺・阿倍野エリアには２０１４年に日本一の高さを誇る商業ビル「あべのハルカス」が開業しました。地上３００メートルという同ビルの建設に合わせて、近隣エリアの開発が進められており、マンションなどの住宅の整備も進んでいます。

開発という面で注目されているのが、大阪市内の中心を南北に貫く大動脈、御堂筋の再開発計画です。御堂筋沿線にはもともと厳しい高さ規制がありましたが、2013年にその規制が大幅緩和されたため、近年は老朽化したビルの建て替えがあちこちで行われるようになっています。そのためタワーマンションが建つ例も多く、ビジネス街だったエリアにDINKS世帯などを対象とする大規模な住宅の供給が行われるようになってきました。

◆ワンルームマンション投資の対象として狙いたい中心6区

ワンルームマンション投資を成功させる最大のカギは物件の立地をしっかり選ぶことです。今後も長く高い需要が見込まれるエリアを厳選することで、空室になったり、家賃を下げざるを得なくなったりするリスクを避けることができます。

【北区】
人口:12・6万人
面積:10・34平方キロメートル
人口増加率:12・0%

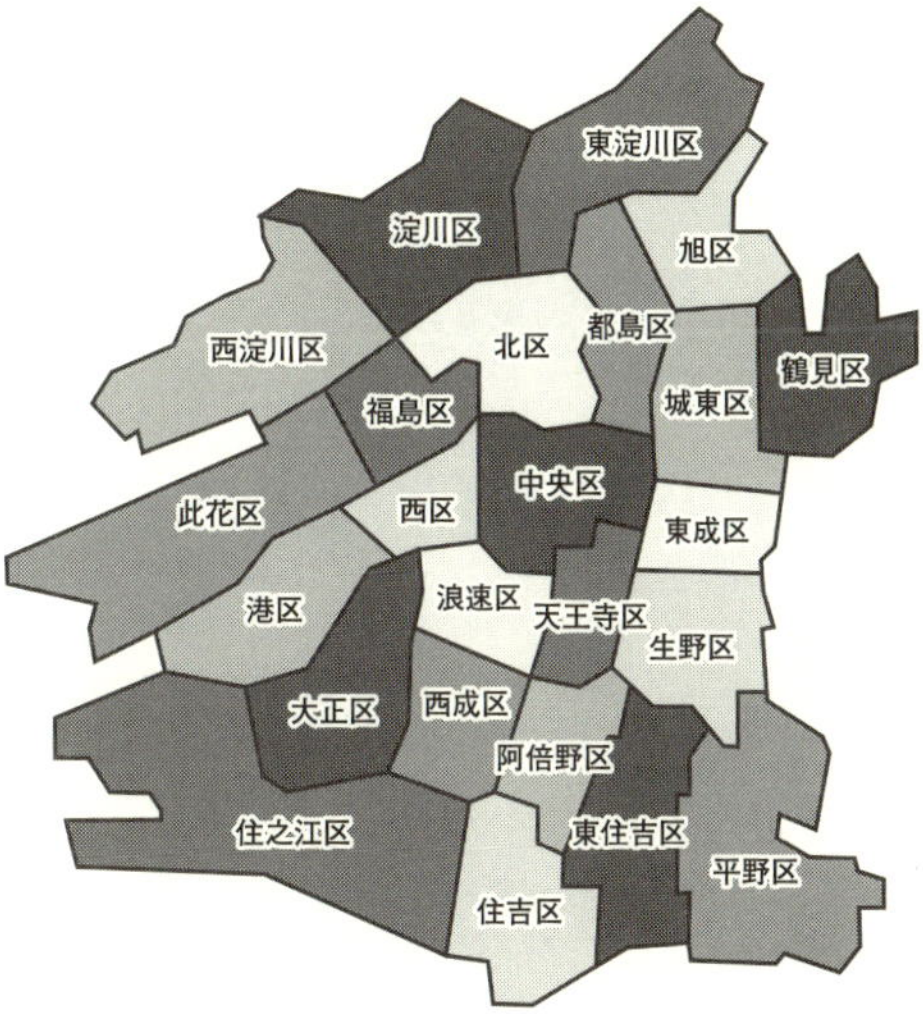

（人口増加率は国勢調査における2010年と2015年の比較です）

関西におけるJR最大のハブステーションである大阪駅を抱える北区は大阪における交通の要です。また大阪駅には私鉄各社の梅田駅も隣接しており、京都や神戸など関西一円に向けて鉄道網が伸びる起点の地となっています。

また大阪随一の繁華街、梅田を抱える北区は、デパートなどの大型商業施設が多数立ち並ぶ一大商業地でもあります。さらに南端の土佐堀川沿岸部は関西でも有数のビジネス街であり、日本銀行大阪支店や大阪市役所、大阪高等裁判所など重要な施設があることでも知られています。

【中央区】

人口：9・5万人

面積：8・87平方キロメートル

人口増加率：＋18・3％

1989年に旧東区と旧南区が合併してできたのが中央区です。大阪市内でも屈指のビジネス街であり、大阪取引所があることで有名な金融街、北浜も中央区に属します。大阪を発祥の地とする企業の多くは、中央区に本社を置いています。

また大阪城や道頓堀、電気街として有名な日本橋などを抱えることから、最近では外国人観光客からも人気が高いエリアです。

長く「居住には適さない街」とされ、夜間人口の少ないエリアでしたが、近年は再開発が進み、タワーマンションが多数建てられるようになったことから、急速に人口が増加しています。

【福島区】

人口：7・3万人

面積4・67平方キロメートル

人口増加率：7・7％
北区の西側に隣接する区です。もともとは中小企業が多く立ち並ぶ工場街で、パナソニックが発祥したことで知られます。近年は閉鎖される工場が増え、オフィスビルや商業地への転換が進んできました。さらに最近ではタワーマンションが多数建設されるなど、住宅開発が進んでいますが、戦前からの古い長屋なども残っており、まだまだ再開発の余地が大きいエリアと言えます。

【西区】
人口：9・6万人
面積：5・21平方キロメートル
人口増加率：11・3％
大阪市の中央やや西寄りに位置する区です。区の中央を流れる木津川により東西に大きく分かれており、東側、西側では雰囲気が大きく異なります。西側は古くからある鉄工所や物流拠点などが残る下町エリア。中央区に隣接する東側にはビジネス街がある他、近年はおしゃれなブティックなどが次々と開店する堀江地区が若者からの高い人気を集めています。

西区はまた交通の便がよいことでも知られます。地下鉄は四つ橋線、千日前線、中央線、長堀鶴見緑地線が区内を走り、道路についても四つ橋筋、なにわ筋、新なにわ筋といった市内を南北に貫く幹線道路と長堀通、中央大通りといった東西を結ぶ幹線道路が通っているため、市内各所へのアクセス性が高いエリアとなっているのです。

職住近接を好む現役世代にとっては非常に住み心地のよいエリアとして評価されており、堀江地区では小学校の教室が足りないなど、人口急増の影響も表面化しています。

【天王寺区】
人口：7・7万人
面積：4・48平方キロメートル
人口増加率：8・5％

中央区の南西に隣接する天王寺区は、府内南部や和歌山県、奈良県へのアクセス性が高いことで知られます。JR天王寺駅に隣接して、近畿日本鉄道や地下鉄の駅が集まり、交通の要衝となっていることから、大阪市における北の玄関口である北区と対をなす南の玄関口とも呼ばれます。

天王寺ターミナル付近にはデパートなどの商業施設が多数並び、梅田、難波と並ぶ賑わいが人気を集めています。近隣の阿倍野区には日本でもっとも高いビルとして有名な「あべのハルカス」が建つなど、大阪でも今、非常に注目されているエリアです。
同区はまた、大阪市内でも古い歴史のある地域でもあり、聖徳太子が建立したことで有名な四天王寺など古い寺社も数多く見られます。区の中央部には古くからある閑静な住宅街も残っており、新旧が混在する魅力的な町です。

【浪速区】
人口：7・1万人
面積：4・4平方キロメートル
人口増加率13・0％
中央区の南西に隣接する面積の小さな区ですが、「大阪」という地名からイメージされる施設やエリアが多数集まる観光人気の高い区の一つです。
電気街として有名な日本橋の「でんでんタウン」には、たくさんの電気店が並ぶ他、最近ではアニメの専門店などサブカルチャーの聖地としても知られるようになりました。ディープ大阪として観光客からの支持が厚い「通天閣」や「ジャンジャン横町」があるのもこの浪速区です。

また大阪と奈良、名古屋方面を結ぶＪＲ関西本線のターミナル駅がある他、関西新空港への直通列車が走る南海電鉄難波駅があるなど、交通の利便性という面でも大きな特徴がある区です。

外国人投資家が注目する大阪

◆爆買い爆食！　関西に集まる外国人観光客

もともと大阪は自由闊達な商都として発展してきた経緯があり、独特の文化が根付いてきました。「商」や「食」を特徴とするそんな文化が海外からは高く評価されるようになり、観光情報サイト「トリップアドバイザー」などでも好意的な口コミが多数集まるようになっています。

大阪の魅力は多々ありますが、その一翼を担うのが世界的に有名な施設であるＵＳＪの存在です。現在、世界に5カ所しかない施設であり、アジア圏にあるのは大阪以外ではシンガポールだけです。

また「爆買い」「爆食」をはじめとする外国人観光客の需要を満たす施設が中心街に集まるコンパクトな都市設計も人気の要因と言えます。安くて美味しい外食店が多数集まる道頓堀界隈は電化製品の大型ショップが並ぶ日本橋にほど近く、周辺には100円均一ショップやドラッグストアなど、ショッピングニーズを満たす施設が徒歩圏内に集中しています。

そんな大阪ならではの観光スポットに加え、京都や奈良、神戸といった人気の観光地へのアクセス性が非常に高いことも大阪が海外から注目を集める大きな要因です。

大阪はさらに、海外からのアクセス性という面でも、国内ナンバーワンの地位を確立しています。大阪の玄関口である関西国際空港のLCCの就航は308便／週（2015年夏期）と成田の278便／週と比べても1割以上も多く、特に経済発展著しいアジア圏からの観光客誘致に大きな効果を発揮しています。

◆外国人観光客殺到で「民泊」も

安倍政権の掲げる外国人観光客誘致の恩恵を受け、大阪では最近、ホテルなどの宿泊施設の多くが連日満室に近い状況となっています。シティホテルはもちろん、ビジネスホテルも空室を探すのが難しい状況となっていることを受けて、2016年10月からは条例により「民泊」の営業が可能となりました。

「民泊」は空室になっているアパートやマンションなどを宿泊施設として提供するもので、大阪市では２０１７年から利用条件をさらに緩和し、従前は「６泊７日以上」とされていた宿泊日数を「２泊３日」に緩和しました。

「民泊」により賃貸物件の空室が埋まることになれば、ワンルームマンションを含む投資用不動産の供給がひっ迫し、物件の価値や家賃の押し上げにつながるものと期待されています。

◆大阪の事情に詳しい事業者を選ぶ

地域にはそれぞれ地元に拠点を置く企業や専門家にしかわからない事情があります。街の雰囲気や地元民の人柄などの細かなニュアンスは地域に密着して仕事し、観察していなければなかなかつかめるものではありません。

また大型の施設ができたり、新たな交通網が整備されて人の流れが変わったりすれば、土地柄が大きく変化することもあります。開発計画により「住」のニーズが一気に高まるので、そういった情報をいち早くキャッチし、エリアの将来性を正確に先読みすることができるのは、地元で長く事業を行い、日々活発に活動している専門家だけです。

大阪市は前述のような6区を含む、全24区で構成されています。それぞれに個性があり、時々刻々と変化する事情があるので、最新の情報を常に把握している事業者と一緒に取り組むことで、ワンルームマンション投資の成功率は大きく高まります。

どの区に今、有利な条件で購入できる物件があるのか。どの区がこれから伸びるのか——物件の購入を相談する際には、そういった情報を豊富に提供してくれる「大阪の事情に詳しい事業者」を選ぶことが大切です。

衝撃のマイナス金利！　借入金利が低い今が買い時

◆マイナス金利で収支が楽に

2016年1月、日本で初となるマイナス金利が導入されました。簡単に言えば銀行が日銀に資金を預けた場合、それまでは金利を得ることができましたが、マイナス金利の導入で資金が目減りしていくことになったのです。

資金の目減りを防ぐため、銀行はより積極的に融資を行うようになり、市場金利も低下します。ワンルームマンション投資を手がける方にとって、マイナス金利の導入は、これまでにない大きなチャンスをもたらしたのです。

金利の低下は収支の安定化につながります。たとえば1800万円を返済期間35年で借り入れた場合、金利が5・0％なら月々の返済額は9万843円になります。金利が2・0％に低下すると、5万9627円と3割以上も安くなります。家賃7・5万円の物件を購入した場合、5・0％では赤字になりますが、2・0％なら管理費・修繕積立金を支払っても利益を出すことができるのです。

収支が黒字になれば、投資のリスクは小さくなります。マイナス金利の今は、サラリーマン投資家の方にとって、またとないチャンスと言えます。

◆融資で利益を上げるカギは「イールドギャップ」

ワンルームマンション投資に限らず、融資を受けて利益を上げる不動産投資では「イールドギャップ」が成否を決めるカギになります。「イールドギャップ」はあまり聞き慣れない言葉ですが、不動産投資では投資による利回りと融資における借入金利の差を意味します。

たとえば前述したAマンションの場合、1800万円の買値で月々7・5万円の家賃を得ています。年間では90万円となり、表面利回りは5・0％となります。

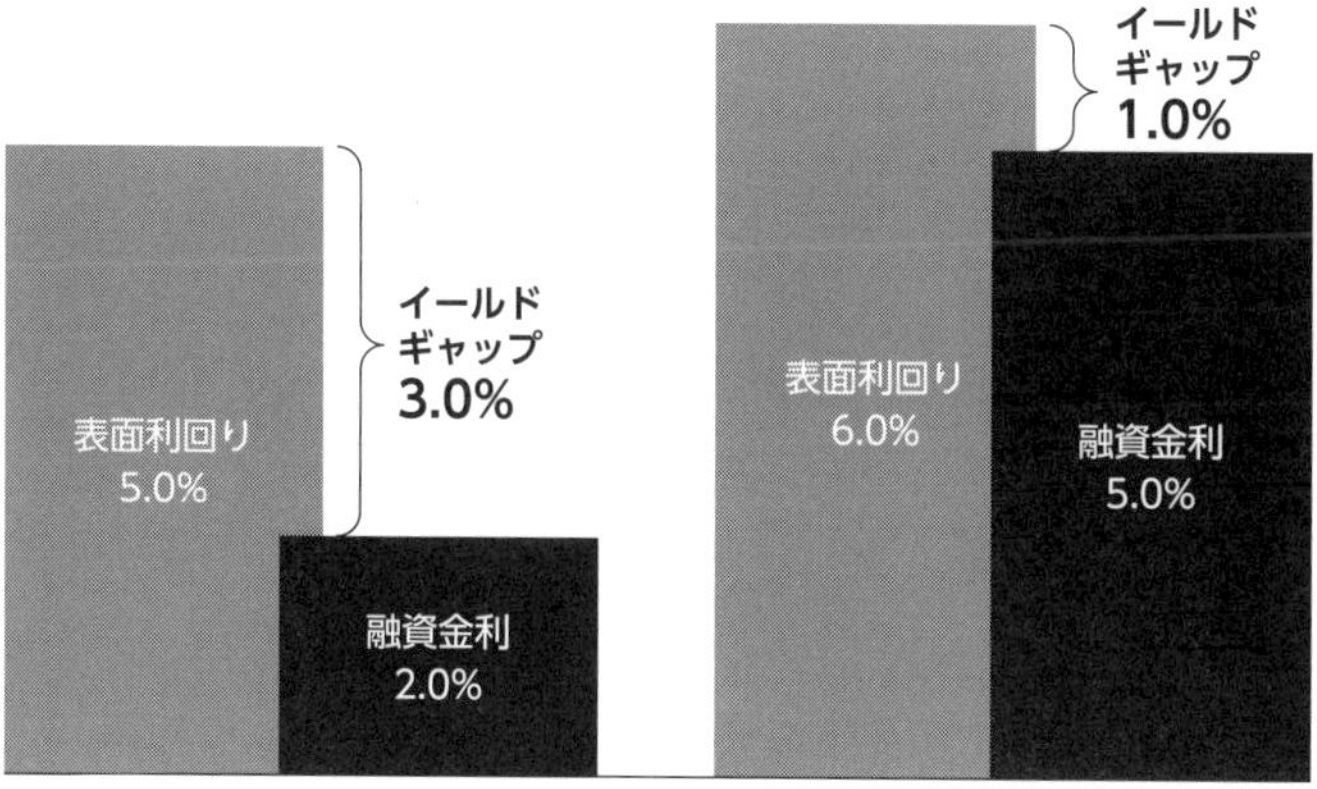

借入金利は2・0%なので、5・0%−2・0%=3・0%が「イールドギャップ」です。「イールドギャップ」はこのように、融資に対する支払いと融資が生み出す利益の差を利率で示すものであり、融資を使う投資の実質的な効率を図ることができる基準です。

たとえば表面利回りが6%とAマンションより高い物件を購入できたとしても、金利が高い時期にローンを組んだため、借入金利が5%にのぼると「イールドギャップ」は1%にとどまります。

低金利の時代ほど、「イールドギャップ」は大きくなり、融資を利用するワンルームマンション投資の利益率は高くなります。

第7章

10年以上大阪物件に携わってきたプロが教える「成功する物件」の選び方

都心の人気エリアを厳選すれば空室リスクを極小化できる

◆ワンルームマンションの入居率は立地で決まる

ワンルームマンションの入居率は立地で決まります。たとえばまったく同じ建物を駅徒歩1分の立地に建てた場合と、駅までバスを使うエリアに建てた場合では、入居率が極端に異なります。駅近なら満室になる建物でも、バスエリアに建っていれば、入居率は非常に低くなるのです。

通常、ワンルームマンションをもっとも多く利用するのは学生や働く単身者です。いずれも日中は外に出かけてやるべきことがあり、夕方、あるいは夜遅くまで帰ってきません。在宅の時間は短いので、家は寝るための場所と割り切っている人が多く、築年数はあまり気にしない傾向が見られます。

むしろ「駅が近くて利便性が高い」「買い物がしやすい」など街の特徴にこだわるケースが多く「ワンルームマンションは街を借りるもの」と考えている人が多数派です。

そのため、ワンルームマンションの入居者が求めるのは都心への高いアクセス性やコンビニエンスストアなど生活の利便性を高めてくれる設備の充実です。特に「通勤・通学に便利であること」というのが多くの単身者のニーズなのです。

当然、物件を選ぶ際にもそういった立地が最優先されるため、ニーズを満たす立地なら最初から高い入居率が約束されていると言えます。

◆駅近はマスト条件「駅徒歩10分」圏内で選ぶ

利便性の高い立地を探す上で大切なのが、駅までのアクセスです。特に最寄り駅まで負担を感じることなく徒歩で行き来できる「駅徒歩圏」にあるかどうかは、立地を考える上で非常に大きなウェイトを占めます。

自転車やバスを使うという手段もありますが、バスは時間あたりの便数や最終便の時刻、自転車は駐輪場所の有無や利便性、雨天時の利用が難しいことなどがあり、あまり好まれません。「最寄り駅まで歩いて通いたい」というニーズはかなり大きいのです。

負担を感じることなく歩ける距離は人によって異なりますが、通常「駅徒歩圏」とされるのは、徒歩10分圏内です。物件の紹介には必ず最寄り駅までのアクセスについて「駅徒歩○分」などと記載されているので、最初に確認するのがお勧めです。

ちなみに歩く速さには個人差がありますが、不動産の紹介では一律に分速80メートルで歩くものと仮定されます。したがって駅から800メートル以内というのが、距離的な目安となります。

◆最寄り駅や路線の選択も重要

立地のアクセス性を考える上では、交通手段としてもっともひんぱんに利用する最寄り駅や鉄道路線の選択も大切です。せっかく駅近の物件を選んでも最寄り駅や路線の利便性が低ければ、立地の価値に影響します。

たとえば駅を評価する上で、特急や快速が停車する駅か否かは大きな要素です。都心から少し離れている駅でも、特急が停車するならアクセス性が高くなります。その他にもターミナル駅は「席に座って通勤・通学できる可能性が高い」という点が好まれるため、強いニーズがあります。

また「どの路線の駅か」というのも顧客ニーズに関わる大きな選択基準です。ビジネス街へのアクセス性が高い、主要な顧客層である単身ビジネスマンの需要が期待できます。

大阪市内には、市内を網羅する地下鉄の各路線や市内の主要エリアを結ぶＪＲ環状線、さらには阪急電鉄、阪神電鉄、京阪電鉄、南海電鉄、近畿日本鉄道などの駅があります。

特に市内中心部には「いずれの駅からも500メートル以上離れている」という交通空白地域がほとんどありません。市内でも特別な繁華街である梅田、難波、天王寺へのアクセス性が高く、ほとんどの地域で15分以内という好アクセスが実現されています。

若い単身者にとっては「職」と「住」あるいは「楽しみ」が隣接しているエリアであり、非常に高い需要が期待できます。

◆ビジネスマンと学生の需要が重なるエリアを探す

ワンルームマンションの二大需要と言えば単身ビジネスマンと大学生です。特に大学生向けは、大学近くに建てれば毎年一定の需要があるので、好立地とされています。

しかしながらワンルームマンション投資は基本的には長い期間で利益を取るものです。特定の大学に依存した物件は、万が一その大学が移転した場合には、需要が一気に下がってしまうリスクがあります。

したがってお勧めしたいのはビジネスマンのニーズと重なるエリアです。二つの需要が重なる立地を狙うことで、需要が常に高く保たれ、家賃や物件価格も高いレベルで維持されます。

大阪市内中心には大阪府内はもちろん、京阪神の各地に向かう主要な鉄道網の起点になる駅がいくつもあるので、重なる需要を狙うという面でも非常に投資する価値が高いのです。また前述したとおり、関西大学など市内にキャンパスを移転する大学が増えていることから、学生のニーズも高まりつつあります。

収益還元法で物件の適正価格を概算してみる

◆不動産の価値を算出する方法は二つある

不動産には「適正な価格を判断しにくい」というやや困った特徴があります。これは不動産には二つと同じものがないためです。家電製品や自動車などの工業製品はまったく同じものがいくつもあるので、中古になっても相場が形成されます。ところが不動産の場合はたとえ建物が同じであっても立地が異なるため、世の中に同一のものは存在しません。そのためいくらで売買するのが適当か、判断するのが非常に難しいのです。

投資に慣れてくると、ある程度感覚的に評価できるようになりますが、それまでは基準となる価格を算出して、それに照らして判断することが大切です。

基準となる価格の算定方法には「積算方式」と「収益還元法」という二つがあります。

◆金融機関が担保価値を計るために用いる「積算方式」

「積算方式」は土地の価格と建物の価格を積算して割り出す計算方式です。土地の価格は公示地価や路線価を参考として定めます。

公示地価は国土交通省が全国に設定した対象地点について、毎年1月1日時点における1平方メートルあたりの価格を発表するものです。2015年には2万3380地点の公示地価が発表されました。商品の定価のように取引における拘束力はありませんが、公的に「適正な取引価格」として扱われる地価です。国土交通省のサイトにアクセスすることで、誰でも簡単に調べることができます。

路線価は市街地にある道路ごとに「その道路に面する宅地1平方メートルあたりの価格」を定めたものです。相続税の課税額を定めるために用いられる相続税路線価と固定資産税の課税額を算定するための固定資産税路線価があります。相続税路線価は毎年1月1日時点の価額で、国税庁が7月ごろ発表します。一方、固定資産税路線価が発表されるのは3年に1度です。

区分所有の場合は「マンションの延床面積」に対する「投資家が保有する物件の専有面

積」の割合を算出し、それをマンション全体の土地価格にかけることで、1室あたりの土地価格を計算します。

一方、建物の価額については、再調達価格（もう一度建てたらいくらかかるか）と残存耐用年数をもとに算出されます。鉄筋コンクリート造の場合には、再調達価格は面積1平方メートルあたり20〜25万とされています。

積算法は主に、金融機関が物件の担保価値を算出するために使います。

◆投資用物件の売値に大きく影響する「収益還元法」

「物件を保有することで、どれだけの収益をあげられるか」という投資の利回りから価値を判断するのが「収益還元法」です。第3章で利回りの算出方法を解説しましたが、その際には物件価格と家賃収入をもとにして利回りを計算しました。

「収益還元法」で割り出したいのは「物件価格」なので、一定の利回りを想定し、得られる家賃収入をもとに物件の適正価格を算出します。具体的には利回りで年間家賃収入を割ったものが、収益還元法により算出される適正な物件価格です。もし物件が空室の場合、本来家賃収入はゼロですが、同一エリアにある競合物件の価額などを参考として、物件にとって合理的な家賃を設定し、計算します。

次頁の図はAマンションについて、収益還元法により価格を計算してみた例です。家賃7・5万円で利回り5・0%を実現できる物件価格は1800万円であることがわかります。仮に「優良物件なので買手が他にもいる」という場合には、いくらまでなら出してもよいか、利回りをもとに計算することができます。たとえば利回りをもう少し下げて、「4・5%でいい」と考えるなら、物件の購入に2000万円まで出せることになります。ワンルームマンション投資において、物件の売買価格は通常、このように収益還元法を基準として評価されています。

「Aマンション」の例を見てもわかる通り、「積算法」と「収益還元法」では算出される価格にかなり大きな違いがあります。状況により、使い分けられるものなので、そのことをまず理解しておくと、物件価格について考えやすくなります。

狙いはイールドギャップ3%以上！　顧客ニーズに合う物件を狙う

◆イールドギャップは3%以上が目安

物件の表面利回りと借入金利の差——すなわちイールドギャップが大きいほど、キャッ

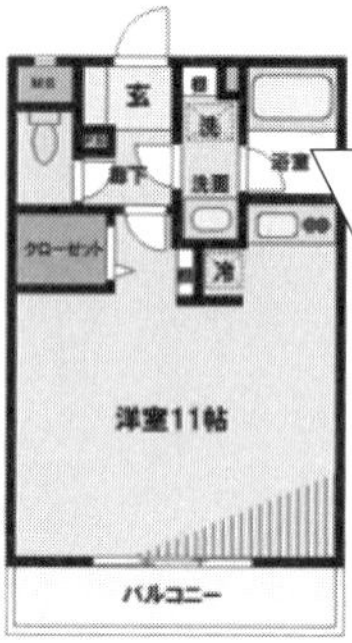

【Aマンション】
家賃：7.5万円
利回り：5.0%

【収益還元法による価格の計算式】

$$物件価格 = \frac{家賃収入 \times 12か月}{利回り}$$

【Aマンション301号室の場合】

$$物件価格 = \frac{7.5万円 \times 12か月}{5.0\%} = 1800万円$$

区分の収益還元法による価格 ＝ 万円

（利回りが4.5%の場合）

$$物件価格 = \frac{7.5万円 \times 12か月}{4.5\%} = 2000万円$$

シュフローは安定し、投資の成功率が高まります。

具体的な基準となるのは3%という数字です。物件の表面利回りと金利の差が3%以上あれば、不安を抱くことなくローンを返済し、インカムゲインを得ることができます。つまり融資の金利が2%なら、表面利回り5%以上という基準で物件を探すことが必要となります。

入居者を知れば、ニーズの高い物件を選ぶことができる

◆一人暮らしを始める理由からニーズを考える

どのような商売も同じですが、対象となる入居者のニーズを把握することができれば、効率よく利益を上げられるようになります。

ワンルームマンションの入居者は単身者であり、大きく分けると単身のサラリーマン・OLと学生が主なターゲット層となります。働く単身者が新たにワンルームマンションを探す動機は、「就職を機に一人暮らしを始めることにした」「転勤もしくは単身赴任で新し

い土地にやってきた」などです。

忙しいビジネスマンにとって、交通の便はもちろん、生活利便性を高めてくれる施設が近くにあることは、大きな条件の1つです。

朝早くに家を出て、夜遅くに疲れて帰ってくる人が多いので、安くて利用しやすい外食店やコンビニエンスストア、クリーニング店などが近隣にあれば、生活の苦労を軽減することができます。

一方、学生の場合には親元を離れて初めて一人暮らしをする人が大半です。女性の場合には特に、セキュリティ面を気にする人が多く、女子大の近隣ではエントランスのオートロックやテレビモニター付きインターホン等に対するニーズが高くなります。

その他、エリアによって顧客層には特徴があるので、入居者のニーズをくみ取ることで、より需要の高い人気物件を選ぶことができます。

◆入居者が重視する条件をチェックする

さまざまな調査も入居者のニーズを把握する上で、大きな判断材料になります。「全国賃貸住宅新聞」が毎年発表しているアンケート調査によると、入居者に人気の設備は左図のようにランキングされています。

1位	インターネット無料
2位	エントランスのオートロック
3位	浴室換気乾燥機
4位	ウォークインクローゼット
5位	ホームセキュリティ
6位	独立洗面台
7位	追い炊き機能
8位	宅配ボックス
9位	防犯カメラ
10位	24時間利用可能ゴミ置き場

人気の設備ランキング2016年（全国賃貸住宅新聞）

2位、5位、9位にセキュリティ関係の設備がランキングされていることから、近年の単身者が住まいに「安全」を求めるニーズの強さがうかがえます。3位、6位、7位にバスルームに関連する設備がランキングしていることには、お風呂や水回りを重視する傾向の強さが現れています。

全般的にワンルームマンションを探す単身者にはお風呂を気にする人は多く、インターネットで物件情報を調べる際にも、多くの人が写真や動画で確認したがるのがお風呂です。次いで、トイレ、キッチンとなっており、水回りの設備や清潔感は物件の人気を決める大きな条件となっています。

購入時には諸費用が必要

◆購入代金以外のコストについても資金計画に織り込んでおく

　不動産を購入する際には、購入代金以外にもさまざまなコストがかかります。不動産取得税や固定資産税が課税される他、資金を提供する金融機関への融資手数料、登記を行う司法書士など、購入を支援してくれる複数の専門家に対する支払いが必要なのです。

◆売買手続きなどに要する費用

①登記費用（登録免許税＋司法書士報酬）
　購入した不動産を登記する際には「登録免許税」が課税されます。また登記の手続きを依頼する司法書士に対して手数料を支払います。合計すると通常は物件購入代金の1～1・5％程度となります。

売買代金（税抜き）	仲介手数料（税抜き）
200万円以下の場合	5%以内
200万円超、400万円以下の場合	4%＋2万円以内
400万円超の場合	3%＋6万円以内

②仲介手数料

物件の購入に際して、仲介してくれた不動産事業者に支払う手数料です。仲介手数料については法的に上図のような上限が定められています。たとえば、１０００万円の物件なら１０００万円×３％＋６万円＝36万円が手数料の額となります。実際にはこれに（課税業者の場合）消費税を加えた額を仲介手数料として支払います。

特に決まりはありませんが、契約締結時に半金を支払い、物件の引き渡し時に残りの額を支払うのが一般的です。

物件を投資家などから購入するのではなく、不動産会社から購入する場合には、この仲介手数料がかからないというメリットがあります。

③印紙税

不動産売買契約書の作成に際しては「印紙税」という税金が課税されます。契約金額により、課税額は異なり、たとえば購入代金が「1000万円超5000万円以下」なら、印紙税の額は1万円と定められています。

印紙税は契約書に金額分の印紙を貼付することで納付します。

④不動産取得税
不動産の取得に対して科される税金です。購入に際して1度だけ課税されます。物件の課税標準額が基準となり、税率は都道府県により異なります。大阪府下で住宅を取得する場合には2021年3月31日までは特例措置により軽減されています。

⑤固定資産税・都市計画税
固定資産税・都市計画税は毎年1月1日時点で所有している不動産について課税される税金です。3年ごとに改定される固定資産税評価額に一定の税率をかけて税額が算定されます。

ワンルームマンション投資においては、売主がその年の固定資産税・都市計画税を課税されることになります。そのため納税額を日割りで計算して買主の負担額を割り出し、引き渡し時に清算するのが一般的です。

◆融資を受けるのに必要な費用

①融資手数料

金融機関から融資を受ける際に事務手数料として支払う費用です。投資マンションローンの場合、10～20万円程度となります。

②火災保険料

投資マンションローンを組む際、借入と同時に火災保険に加入します。特約として付加できる地震保険に入ることで、大きな地震の被害に対しても備えることができます。ちなみに火災保険については、入居者にも加入を求めるのが一般的であり、室内から出火した場合は、入居者加入の保険により損害に対する補償を受けることができます。

③団体信用生命保険料

ローンの返済義務を負う投資家に万が一のことが起きた場合に、残債を保険金で清算できるよう加入する保険です。別立てで支払うケースは少なく、通常はローン金利に保険料が含まれています。

第 8 章

ワンルームマンション投資で資産を築いた6人の実例

①計画的に保有物件を増やし3年で6戸を保有するようになったAさん

【Aさんのプロフィール】
不動産投資を始めた年齢：43歳
職業：保険会社勤務
年収：1200万円
家族構成：妻と子供2人の4人家族
居住地：東京都

保険会社に勤務するAさんは40代半ばから単身赴任生活を送っていました。ちょうど子供たちが大学や高校へ進学する時期だったため、家族を東京に残して自身は地方都市で働いていたのです。

年収は1200万円あり、一般的にはかなりの高収入ですが、二重生活にはお金がかかります。さらに子供たちが私学に進学し学費がかさむようになると、生活のゆとりがなくなってしまうので、自宅に戻る回数を減らして交通費を節約するなどの工夫が必要になります。場合によっては子供の学費のために貯蓄を切り崩す必要すら出てくるかもしれません。

一家のそんな経済問題をクリアする解決策としてAさんが選択したのがワンルームマンション投資でした。マンションを経営すれば、副収入を得られる上、リタイヤ後の老後資金を充実させられるはずだと考えたのです。

お客さまからの紹介でやってきたAさんに相談された私は新築と中古を組み合わせて複数の物件を保有するよう勧めました。

新築物件は安心感が大きく、初めて不動産投資を手がける人に適している上、購入価格が大きいので帳簿上の赤字を計上しやすく、節税効果が発生するというメリットがあります。

一方、中古物件は新築に比べて利回りがよく、帳簿上の収支がプラスになりやすいため、本業の所得と損益通算すると課税額が増える傾向があります。

新築と中古をうまく組み合わせれば、利益を生み出しながら納税額を限りなくゼロに近づけられると私はAさんにアドバイスしたのです。

詳しいシミュレーションを作成して見せたところ、Aさんは私のアドバイスにしたがって、ワンルームマンションを毎年2戸ずつ購入することを決めました。投資開始から4年目を迎える現在は6件を保有するオーナーです。

Aさんが購入した物件

○1年目
【物件①】
神戸市中央区　新築　25.73㎡
購入価格 1,800万円　月々 64,349円　家賃収入 72,000円
表面利回り 4.8%
月々キャッシュフロー 7,651円（管理費を除く）

【物件②】
愛知県名古屋市　新築　24.33㎡
購入価格 1,610万円　月々返済 54,973円　家賃収入 65,000円
表面利回り 4.84%
月々キャッシュフロー 10,027円（管理費を除く）

○2年目
【物件③】
東京都新宿区　中古（築10年）　32.98㎡
購入価格 2,560万円　月々返済 93,347円　家賃収入 124,000円
表面利回り 5.8%
月々キャッシュフロー 30,653円（管理費を除く）

【物件④】
大阪市福島区　中古（築13年）　19.88㎡
購入価格 1,270万円　月々返済 45,201円　家賃収入 65,000円
表面利回り 6.1%
月々キャッシュフロー 19,799円（管理費等除く）

○3年目
【物件⑤】
大阪市北区　中古（築14年）　21.60㎡
購入価格 1,350万円　月々返済 49,226円　家賃収入 68,500円
表面利回り 6.08%
月々キャッシュフロー 18,774円（管理費等除く）

【物件⑥】
大阪市浪速区　中古（築11年）　25.12㎡
購入価格 1,300万円　月々返済 47,038円　家賃収入 67,300円
表面利回り 6.21%
月々キャッシュフロー 20,262円（管理費等除く）

物件を購入する際には大きな災害や地域経済の落ち込みといったリスクを回避するため、異なるエリアを選びました。もともとの居住地である東京だけでなく、大阪や名古屋にも物件を保有しているため、Aさんのポートフォリオ（資産の組み合わせ）には大きな安心感があります。

6戸合わせてキャッシュフローは月々10万円程度の黒字となっており、経済的な余裕を楽しみながらAさんは暮らしています。

②労力をかけずに資産を形成し、大きな節税効果を得たBさん

【Bさんのプロフィール】

不動産投資を始めた年齢：36歳

職業：商社マン

年収：1500万円

家族構成：妻と子供1人の3人家族

居住地：愛知県

Bさんが購入した物件

【物件①】
大阪市西区土佐堀　新築　20.02㎡
購入価格 1,550万円　月々返済 54,428円　家賃収入 67,000円
表面利回り 5.18%
月々キャッシュフロー 12,572円（管理費除く）

【物件②】
大阪市北区天満　新築　23.68㎡
購入価格 1,750万円　月々返済 61,497円　家賃収入 70,000円
表面利回り 4.8%
月々キャッシュフロー 8,503円（管理費除く）

商社マンのBさんがワンルームマンション投資を始めたきっかけは転勤の辞令でした。名古屋に保有していた自宅を売却するため、知人に相談したところ、「賃貸に出してみては」とアドバイスを受け、不動産投資の専門家である私を紹介されたのです。

Bさんにはそれまで、株式投資やＦＸ投資などを手がけた経験がありました。本業の給与収入は１５００万程度とかなり高めですが、所得税・住民税が３００万円におよぶため、手取り額には余裕がないと感じていました。常々、もう少し収入が欲しいと考え、そういった投資に関心を抱いたそうです。

本書でも解説したとおり、忙しいビジネスマンがめまぐるしく市場が変化する株式投資やＦＸ投資で利益を上げるのは至難の業です。

商社マンであるBさんは始めてすぐにそのことを痛感しました。

仕事中も保有している株式や外貨の動向が気になって仕方がありません。海外の市場では深夜も為替取引が行われているので、ついつい見入ってしまい、ほとんど眠らないまま出社することがしばしばありました。本業に悪い影響が出てしまう――そう考えたBさんはFX投資をあきらめ、株式については中長期的な利益を狙うスタンスで細々と続けるだけにしたといいます。

そんなBさんにとって、自宅の賃貸をきっかけに知った不動産投資は非常に魅力の大きな資産運用だったと思われます。管理は専門の会社に委託するので、運用の手間がほとんどかかりません。安定的な家賃収入を得られる上、今まで払っていた固定資産税も経費の対象となる為、本業の収入に対する節税にもつながります。

不動産投資ならではの利点に惹かれたBさんはその後、新築のワンルームマンション2戸を大阪市内で購入し、現在も保有しています。インカムゲインの黒字に加え、確定申告の際に不動産所得を通算することで、年間50万円程度の節税に成功しており、「思ったとおり自分にピッタリの投資だ」と満足いただいています。

③ワンルームマンション投資で安心・安全の資産運用を実現したCさん

【Cさんのプロフィール】
不動産投資を始めた年齢：35歳
職業：製薬会社勤務
年収：900万円
家族構成：妻と子供1人の3人家族
居住地：東京都

製薬会社に勤めるCさんは30代半ばを迎え、資産運用について真剣に考えるようになりました。結婚生活も10年におよぶころには子供がある程度大きくなり、経済的にも少し余裕が生まれるなど、暮らしぶりに変化が現れます。生活が落ち着く中、投資によって本業とは別の収入源を確保しておきたいと考える人が増えますが、Cさんもそんな一人でした。

さまざまな投資を検討する中で、仕事が忙しく時間的な余裕がない自分に株式投資や

FX投資は不向きだとCさんは判断しました。次に候補になったのは海外での不動産投資でした。新興国を狙えば、国内より安く物件を購入できます。また、大きな経済発展が期待できるので、物件の価値が急騰するかもしれないという夢があります。

ところが、本気で情報を集めるにつれ、Cさんは不安を感じるようになりました。物件を安価で購入できる新興国の多くは日本に比べて政治情勢が不安定です。経済的な浮き沈みも大きいため、投資と言うよりギャンブルに近いのではないかと思うようになったのです。

それに比べ、日本の政治情勢は安定度が高く、経済不安は小さめです。その分、価格が急騰する可能性はあまりありませんが、投資は本来、リスクコントロールをもっとも重視すべきものです。だとしたら、国内の物件、特にワンルームマンションはリスクを抑えて利益を確実に得られる投資対象だとCさんは考えるようになりました。

そんなCさんから相談を受けた私が勧めたのは大阪です。国内なので、安心感は東京と変わりません。その一方、東京に比べ、魅力的な物件がまだまだ数多く売り出されており、高利回りが期待できることから、大阪の物件を推奨したのです。

私のアドバイスを受けて、Cさんが最初に購入したのは電気街で有名な日本橋にある新築物件でした。初めての不動産投資なので、不安はあったようですが、1年保有してみて、リスクがほとんどないことや確定申告の際には大きな節税効果が得られることなどを実感できたようです。翌年には築浅の中古ワンルームマンションをさらに1戸購入。現在は2戸を保有するオーナーとして、キャッシュフローの黒字と節税効果というメリットを毎年安定的に得ています。

④保険料を節約し、節税効果を得たDさん

【Dさんのプロフィール】
不動産投資を始めた年齢：37歳
職業：放射線技師
年収：660万円
家族構成：妻と子供1人の3人家族
居住地：大阪府

Dさんは放射線技師として総合病院に勤務していました。当初は本業のみでしたが、勤務先が兼業を認めていたため、結婚して子供ができたのを機に、アルバイトとして別のク

Dさんが購入した物件

○1年目
【物件①】
大阪市浪速区桜川
新築　24.49㎡
購入価格　1,880万円
月々返済　61,869円
家賃収入　71,000円
表面利回り　4.53%
月々キャッシュフロー　9,131円（管理費除く）

○2年目
【物件②】
大阪市天王寺区北河堀町
新築　20.47㎡
購入価格　1,760万円
月々返済　57,899円
家賃収入　65,500円
表面利回り　4.46%
月々キャッシュフロー　7,601円（管理費除く）

リニックでも働くようになりました。

ところが収入が増えると、課税額も増加します。アルバイトを始めた翌年、確定申告をすると、本業で天引きされている分に加え、さらなる納税が必要でした。せっかくアルバイトで収入が増えても、納税額が増えたのではあまり意味がありません。節税につながる方策を探す中、Dさんが見つけたのがワンルームマンション投資でした。

慎重な性格のDさんはワンルーム投資を始めるにあたって、さまざまなことを調べ、勉強を重ねました。ある程度の税率があれば大丈夫だと十分な勝算が立ったため、投資を始めようとしたところ、思わぬ障害が発生しました。奥さんが猛反対したのです。節税を目的とする投資のために、物件購入資金として２０００万円近い融資を受けるのは不安でならないというのが奥さんの言い分でした。しかし今回のローンはマイホームではないので、発生する支払をするのは第三者の方です。もちろん空室になればＤさんに支払いが発生しますが、確定申告をすると節税に繋がる為、本書でも解説したとおり、ワンルームマンション投資は立地などの条件をしっかり定めて物件を選べば、空室率も低く、非常にリスクの小さな投資です。ただ、馴染みがない人にとって、２０００万円の借入が大きな不安要素であることは理解できます。節税のためだけに不安な思いをするのは嫌だと奥さんが考えるのは自然です。

そこで私はＤさんと相談して、保険の見直しという面から、奥様にワンルームマンション投資のメリットを理解してもらえるよう工夫してみました。現在加入されている生命保険はいくら掛捨て金が多くても節税のメリットはありません。生命保険の営業担当者から保険の見直し提案をしてもらい、ワンルームマンション投資を手がけることで、保障の内容は変えずに、月々の保険料を抑えられることを奥様に説明したのです。その結果、奥様にも納得いただくことができたため、Ｄさんはワンルームマンション投資を始めることに

Dさんが購入した物件

○1年目

【物件①】

大阪市浪速区桜川　Vivo

新築　24.49㎡

購入価格　1,880万円

月々返済　61,869円

家賃収入　71,000円

表面利回り　4.53%

月々キャッシュフロー　9,131円（管理費除く）

○2年目

【物件②】

大阪市天王寺区北河堀町

新築　20.47㎡

購入価格　1,760万円

月々返済　57,899円

家賃収入　65,500円

表面利回り　4.46%

月々キャッシュフロー　7,601円（管理費除く）

なりました。

Dさんが最初に購入したのは大阪市浪速区にある新築のワンルームマンションでした。マンションの保有により生まれた節税効果のおかげで、アルバイトをしてもDさんの納税額は増えなくなりました。それに加え、生命保険料を節約できるので、マンション購入前に比べて、Dさんの家計には余裕が生まれました。

Dさんはその経済的な余裕を活かして、新築マンションをさらに1戸買い足し、現在では2戸を保有しています。

⑤気軽な一人暮らしの老後保障を実現したEさん

【Eさんのプロフィール】
不動産投資を始めた年齢：30歳
職業：大手倉庫会社勤務
年収：520万円
家族構成：独身
居住地：大阪府

Eさんは気軽な単身生活を満喫する独身のサラリーマンです。職場に出入りする保険の外交員からは「長い人生、なにが起きるかわからないから、いざという時の備えは大切よ」などと言われることもありましたが、結婚する予定もないため、「単なるセールストーク」と聞き流していました。

とはいえ、同年代の友人や同僚が相次いで結婚するようになり、保険の見直しを始める

Eさんが購入した物件

○1年目

【物件①】
大阪市西区江戸堀
新築　23.60㎡
購入価格　1,920万円
月々返済　64,970円
家賃収入　72,000円
表面利回り　4.5%
月々キャッシュフロー　7,030円（管理費除く）

○2年目

【物件②】
大阪市浪速区大国町
新築　25.95㎡
購入価格　1,960万円
月々返済　66,330円
家賃収入　72,000円
表面利回り　4.40%
月々キャッシュフロー　5,670円（管理費除く）

ようになると、あちこちで保険に関する話を耳にする機会が増えていきます。アラサーと呼ばれる年代を迎え、Eさんも保障の必要性を意識するようになりました。

そんなEさんが最初に加入したのは一般的な医療保険でした。病気になったときのことを考え、とりあえず入院保障は必要だと思ったので加入したのです。外交員からは死亡保険も勧められましたが、独身なので必要とは思えません。むしろ気になるのは老後の保障でした。

生涯独身と決めているわけで

はありませんが、結婚を含め将来には未定の要素が多いので、さまざまな備えを充実させておく必要があります。老後も一人で過ごせるよう生活資金を確保しておくことも大切です。そう考えたEさんは養老保険を検討してみましたが、利回りがよいとは思えません。尚且つ養老保険は増えた利益の金額によっては税金がかかってきます。

どうすればよいのか――いろいろと考える中で、Eさんが関心を持ったのはワンルームマンション投資でした。同僚に誘われて参加した経営セミナーで、老後保障につながるマンション経営を紹介され、興味をそそられたのです。

Eさんは大手の倉庫会社に正社員として勤務しているので、投資に必要な融資を受けるのは難しくありません。35年ローンで65歳の時にローンを完済した後は家賃収入がほぼ全額手元に入ってくるため、老後の生活資金としてあてにすることができます。

ワンルームマンション投資こそ自分に一番ピッタリの保険商品だと考えたEさんは大阪市内の新築物件を1戸購入しました。1年間経営してみたところ、保険商品のような出費がほとんどなく、本業の節税効果が発生するなどのメリットを実感できました。老後の保障をさらに手厚くするため、Eさんは翌年、もう1戸を買い足し、いずれの運用も好調に推移しています。

⑥初めての投資で家賃収入&保険料の節約を実現したFさん

【Fさんのプロフィール】
不動産投資を始めた年齢：32歳
職業：関西の総合病院勤務
年収：800万円
家族構成：独身
居住地：大阪府

病院に勤務するFさんは仕事柄、病気がもたらす経済的な負担に大きな不安を抱いていました。そのため、若くして入院保険や終身保険などに過剰に加入する傾向がありました。充実した保障により不安は軽減されますが、保険料がかさむので、経済的な負担は増大してしまいます。そんな悩みを抱えるFさんが投資に興味を持ったのは2014年に始まったNISA（少額投資非課税制度）がきっかけでした。

Fさんが購入した物件

【物件①】

大阪市西区江戸堀
新築　23.60㎡
購入価格　1,990万円
月々返済　64,904円
家賃収入　79,000円
表面利回り　4.76%
月々キャッシュフロー　14,096円（管理費除く）

Ｆさんはそれまで、さまざまな保険に加入していましたが、株式や投資信託などの投資とは縁がありませんでした。投資についてほとんど知識がなく、「危険なもの」と考えていたのです。

ところがＮＩＳＡ発足当時、Ｆさんのもとには銀行や証券会社からＮＩＳＡ口座を作るよう勧誘するお知らせがたびたび届くようになりました。送られてきた資料を見るうちに、Ｆさんの心境にも変化が現れました。投資に関心を持つようになったのです。

投資についてほとんどなにも知らないＦさんは書籍から知識を得ようと、書店に足を運びました。そこで偶然、２０１６年8月に弊社代表が出版した書籍「医師のための新築ワンルームマンション投資の教科書」に出会い、ワンルームマンション投資こそ過剰な保険加入という悩みを解決する最適の方法だと知ったのです。

Ｆさんから連絡をいただいた私はまず、加入している保険を見直すよう提案しました。当時、Ｆさんが支払っていたさまざまな保険の掛け金は毎月３万円にもおよび、独身であることなどに照らすと、明らかに過剰でした。そこで私が提案したのは医療保険を温存しつつ、利回りの悪い終身保険を解約してワンルームマンションを購入するという方法でした。

ローンを利用してワンルームマンションを購入する際、「８大疾病保障付団体信用生命保険」に加入しておけば、病気で働けなくなった時も保有する物件の家賃収入が経済的な保障になります。病気への備えを充実させられるので終身保険を解約しても、安心感を確保できるのです。尚、今まで高血圧やその他の病気で通常の保険に加入できなかった方でも利用できる保険も増えております。

Ｆさんは私の提案に沿って、ワンルームマンション投資を手がけることを決めました。当初は新築と中古のどちらにするか迷っていましたが、新築の方が勤務地に近く、立地に対する土地勘があったため、そちらを選択しました。

新築を選択したことで大きな節税効果が発生したのに加え、購入の目的としていた保険料の削減にも成功しており、狙ったとおりの効果が現れた典型的なケースと言えます。

【本文中に登場するマンション】

Aマンション

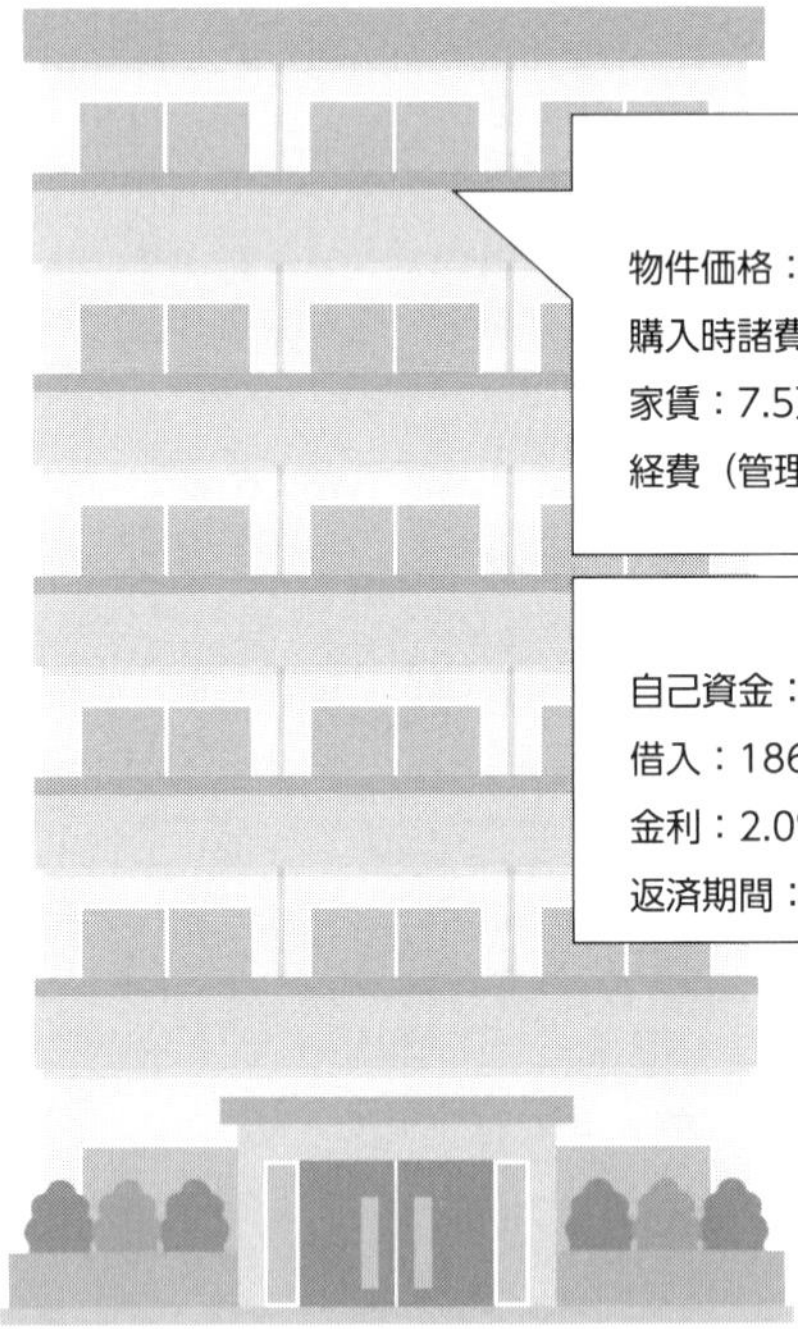

【物件概要】

物件価格：1800万円

購入時諸費用：70万円

家賃：7.5万円

経費（管理費・修繕積立金）：0.8万円

【資金概要】

自己資金：10万円

借入：1860万円

金利：2.0%

返済期間：35年

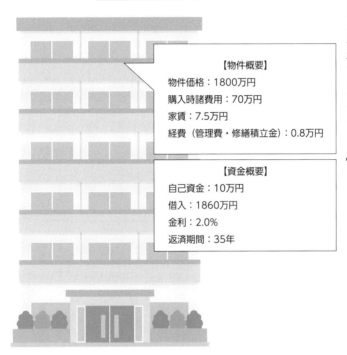

おわりに

サラリーマンの方はもともと投資家です。時間と労力という「資産」を職場という投資対象に注ぎ込み、給与というリターンを得る経済活動は、一種の「投資」と呼んで差し支えないものと私は考えます。

投資の甲斐あって会社が成長すれば、給与収入が増え、ボーナスの額がふくらみます。それに伴い、投資を手じまいする際――すなわち退職する時には、大きな額の退職金を受け取ることもできます。

一方、半生をかけたその投資が報われないことも珍しくありません。会社の経営状態が傾いたりリストラに遭ったりすれば、それまで注いできた労力や時間に見合うリターンが得られなくなってしまいます。

そんな「サラリーマンとして働く」という投資のリスクをコントロールするのは、簡単なことではありません。多くの方がスキルアップや資格取得により自身の価値を高めることで、リスクを回避しようと考えますが、会社が大きく傾けば、そういった努力が報われないことも多々あります。

ある投資のリスク回避が難しいなら、別の投資を手がけることが、総合的なリスク軽減策となります。さまざまなリスクヘッジの方法が考えられますが、大阪における新築ワンルームマンション投資は、中でも有力なリスクヘッジ策の一つだと私は確信しています。

本書でも解説したとおり、東京に次ぐ大都市であり、インバウンド景気などの恩恵を受けて躍進する関西経済の中心地である大阪には大きな魅力があります。海外からの注目度も高く、さまざまな角度から、今後の成長が期待できるエリアです。

加えて、社会における不動産投資の重要性についても注目すべきでしょう。賃貸不動産の経営は長い歴史を誇る資産運用の手法です。住まいを貸して家賃収入を得るという収益モデルは江戸時代からあったと言われています。首都だった江戸はもちろん、古都京都や商都大阪などでも持ち家に住む人は少なく、多くの人が貸家を生活の場としていたのです。

そんな時代から今日にいたるまで、政治や社会には大きな変遷がありました。にもかかわらず、今も変わることなく、不動産投資が栄えているのは、人が生きていく上で欠かせない「住」というインフラを提供する実業だからです。

一方、投資の位置づけは、そんな歴史の中で大きく変化してきました。かつては資産家のみが活用できた不動産投資を現在ではワンルームマンション投資という形で、一般のサラリーマンの方が手がけられるようになっています。本書で解説したとおり、中でも、大阪における新築ワンルームマンション投資には近年、大きなチャンスがあるものと私は確信しています。

最後に、もし本書を読んでいただいた後、わからないことやまだまだ知りたいことがたくさんあるという方は、お気軽に私にご相談ください。

皆様の不動産投資と人生を輝かせるお役に立てれば幸いです。

２０１８年10月吉日

平山　裕美

著者略歴

平山 裕美（ひらやま ゆみ）

大阪在住、不動産トータルアドバイザー。宅地建物取引士。株式会社フォーリアライズ専務取締役営業部長。

人の暮らしを支える仕事をしたいという思いから、アパレル店に勤務。その後、マイホーム購入をきっかけにローンの利用方法や価値に興味を抱き、不動産会社に転職し宅地建物取引士の資格も取得。現在は株式会社フォーリアライズにて、不動産トータルアドバイザー、社員教育の責任者として勤務中。2018年時点で不動産業の就業歴は11年目を迎えるプロアドバイザーとして活躍中。

モットーとするワンパターンではない、いわばオートクチュールのような不動産経営の提案を真摯に行う事で、数多くのお客様より深い信頼を得ている。また、女性視点の斬新な手法が口コミで話題となり、各種不動産セミナーの講師依頼も増えている。

●フォーリアライズ　http://for-realize.co.jp/
※取材・講師依頼もこちらへ

サラリーマンのための
「大阪」ワンルームマンション投資術

著　者	平山 裕美
発行者	池田 雅行
発行所	株式会社 ごま書房新社 〒101-0031 東京都千代田区東神田1-5-5 マルキビル7階 TEL 03-3865-8641（代） FAX 03-3865-8643
印刷・製本	東港出版印刷株式会社

ISBN978-4-341-08716-6 C0034